AF523930

Klaus J. Schönmetzler · Kurt Schubert · Klaus G. Förg

Mangfalltal

Mangfalltal

Bad Aibling und seine Landschaft

Texte von Klaus J. Schönmetzler
Fotos von Kurt Schubert und Klaus G. Förg

Edition Förg

Bildnachweis

Kurt Schubert: Seite 2, 6/7, 8, 10, 11, 12, 13, 14, 16, 18, 19, 22, 27, 30, 31, 33, 34, 40, 45, 48 links oben, 48 rechts oben, 51, 55, 58, 63, 65, 68, 69, 71, 72, 73, 74, 78 links oben, 79 oben, 79 unten, 85, 86/87, 89 rechts unten, 91, 92, 93, 97 links unten, 98 unten, 99, 102, 103 rechts, 104, 106, 107 unten, 108, 109, 110, 111, 112, 113, 114, 117, 118, 119, 120, 122, 123 links unten, 123 rechts unten, 124, 128, 129 rechts, 130, 131, 137, 142 links

Klaus G. Förg: Titel; Seite 36, 48 unten, 59, 62 oben, 66/67, 70, 75, 76/77, 78 rechts unten, 79 oben, 80/81, 82 oben, 83, 84, 88, 89 oben, 89 links unten, 90 links oben, 90 links unten, 94/95, 96, 97 rechts unten, 98 oben, 100, 101, 103 links, 115, 116, 121, 123 links oben, 123 rechts oben, 126, 127, 136

Raphael Lichius: Seite 26, 37, 44 oben, 134, 138, 140 links, 141 rechts, 142 links

Günther Hein: 15, 20/21

Privatbesitz Klaus J. Schönmetzler: 24, 25, 35, 43, 54, 82 unten, 140 rechts, 141 links

Stadtarchiv Bad Aibling: 44 unten, 52, 53, 56, 57, 61, 90 rechts, 133 links

Kurverwaltung Bad Aibling: 46, 47, 62 unten, 105, 107 oben, 129 links, 143

Landkreisarchiv Rosenheim: 49

M. Stöger: 50, 125

Theater Bad Aibling e.V.: 132, 133 rechts

3. Auflage

Satz: Klaus Jörg Schönmetzler, Bad Aibling
Lithographie: Repro Simon, Rosenheim
Druck und Bindung: Egedsa, Sabadell
Printed in Spain

ISBN 3-933708-06-0

Inhalt

Dorfidyll wie aus dem Bilderbuch: vor der Vagener Pfarrkirche Mariae Himmelfahrt grüßt weißblau ein Maibaum.

Szenen am Fluß

Persönliches anstelle eines Vorworts

Aus Kindertagen haben sich die Bilder und Erinnerungen im Gedächtnis festgebrannt: Die überhelle Hitze eines Sommertags. Das Fahrrad. Ein paar hundert Meter durch die Stadt und dann hinaus: an Weidenbüschen und Gestrüpp vorbei zum Fluß. Kiesbänke, kleine blitzend grelle Wasserfälle. Der leicht faulige, doch angenehme Duft von Schweiß und Sonnenöl und Tang. Und dann die "Gumpen", vor denen die Eltern warnten und die doch das schönste Abenteuer jedes Badeausflugs waren: Meter über Meter ging es seicht, kaum knietief durch das klare Wasser hin. Dann wurde es nur einen Schatten dunkler, grünlich blauer überm Grund. Noch einen Schritt voran - und man versank ins Bodenlose. Die scheinbar so friedliche Mangfall zeigte, daß sie immer noch ein unberechenbarer Bergfluß war.

Blickwechsel: drüben im Westen zwischen Valley und Holzkirchen geht die Landschaft es gemütlich an. Eine gewellte Ebene. Gepflügte Felder. Dörfer mit so sonderbaren Namen wie Oberlaindern oder Unterdarching. Irgendwo zweigt es dann rechts nach Hohendilching ab. Ein liebenswürdiges Nest, wo man sich seine Pfade noch durch Kuhdung bahnen muß. Die Kirche mit dem spitzen Turmhut aber ist barock und hübsch. Rund um das Gotteshaus liegt wohlgepflegt ein kleiner Friedhof; hinten bei der Totenhalle ist ein Türchen in die Mauer eingelassen. Noch ein Schritt hindurch - und man steht jäh am Rand der Welt: Ein Abgrund von gut sechzig Metern. Beinah senkrecht geht es in die Tiefe. Drüben, in Rufweite und doch unerreichbar, grüßt der Kirchturm von Kleinhöhenkirchen. Sehr weit drunten, irgendwo versteckt in Bäumen, fließt die Mangfall. Wie hat dieser schmale Fluß solch einen Cañon eingegraben!

Ortsdurchfahrt Bruckmühl. An dieser Stelle nah der Schranke ist es immer noch ein typischer Fabriksort: links der Bahnhof mit den Gleisanlagen, rechts die Hallen und Büros eines Arzneimittelkonzerns. Dann aber, keine fünfzig Schritte weiter, schaut man unverhofft in eine Urlandschaft: Felsbrocken, Böschungen begrünt mit dichtem Laubwald, angeschwemmtes Treibholz. Und die Mangfall fließt so gläsern, als sei sie im Hochgebirge.

Gut ein Kilometer westlich: Vagen. Obstbäume blühen vor der Dorfkirche mit ihrer Schutzmantel-Madonna. Gleich daneben ragt ein prächtiger Maibaum. Kramerei und Wirtshaus liegen nahebei. Im Hintergrund ein Schlößchen: so sieht Bayern aus. Doch kaum hat man den Ort verlassen, steht man zwischen riesigen Bassins. Weit hinten führt ein Rohr den Berg herunter: seit fast hundert Jahren treibt hier das Gefälle der Mangfall die Turbinen, die die Landeshauptstadt München mit elektrischem Strom versorgen.

Auf der Brücke bei Bad Aibling. Vor Jahrhunderten hat man an diesem Platz noch Wegezoll erhoben; dicht daneben war das Hochgericht, der Galgenhügel. Heute stoppt allein der Galgen einer Pförtnerampel den Verkehr. Doch drunten fließt wie eh und je die Mangfall. Ruhig und gemächlich zielt sie auf den Wilden Kaiser zu. Nach vorne weitet sich der Blick zum Wendelstein. Das Land ist hier so plan, als sei es mit der Waage hingeschlichtet. Nur ein bißchen Dunst - und schon wird glaubhaft, daß man auf dem Grund eines vertrockneten Gewässers steht; daß der Rosenheimer See hier einst ein Areal bedeckte, das es mit dem Bodensee an Fläche aufnahm.

Eine Region der Gegensätze: steil gekerbt in ebenes Gelände, flach gebettet zwischen Alpen und Moränenhügeln. Und durchzogen von einem Fluß, der keine Quelle hat, jedoch auf halbem Weg die Laufrichtung um 180 Grad verändert.

Nicht minder zweigesichtig ist auch die Geschichte dieses Landes. Es ist bäuerlich seit fast fünftausend Jahren. Es war ein Jahrhundert lang auf schlimmem Weg, zum Industrierevier zu werden. Und es stellt sich heute als ein Zentrum des Tourismus und des bayerischen Bäderwesens dar: eine Region der kleinen und gedrängten Dörfer, der breit hingelagerten Höfe, der Obstbäume und der Wiesen mit dem typischen, braunbunten Vieh. Dazwischen gibt es riesige, bis heute kaum bewohnte Moorgebiete. Nur entlang des Flusses wuchert ein Gemisch aus Supermärkten, Siedlungen und Fabriken, das die Grenzen und Gemarkungen der Orte im konfusen Ungefähr verschwimmen läßt.

Es ist ein vom Katholizismus geprägtes Land; schier übersät mit Kirchen, deren Fundamente meist seit karolingischer Zeit bestehen. Dennoch war hier einst ein Zentrum kämpferischen Lutheranertums. Es ist bajuwarisches Stamm- und Kernland. Aber es hat Emigranten, Flüchtlinge und Invasoren aller Zeiten und Länder aufgenommen: Illyrer, Kelten, Römer, Germanen, Böhmen, Ungarn, Spanier, Schweden, Kroaten, Österreicher, Niederländer, Franzosen, Pfälzer, Schwaben, Sudetendeutsche und Amerikaner. Und es hat sich so, im Umgang mit dem Fremden, eine eigene Toleranz und Leichtigkeit erworben. Es war immer eine Grenzregion. Doch zugleich führten von der Römerstraße über Salzwege und Schienen bis herauf zur Autobahn die wichtigsten Verkehrsverbindungen im Süden Bayerns durch das Mangfalltal. Natürliche Barrieren bildeten allein die Alpen und der Inn. An ihnen wurden Kriege entschieden. Hier begann ein anderes Land.

Vorausgehende Doppelseite: Von der "Schönen Aussicht" in Kleinhöhenrain bietet sich ein überwältigender Blick auf das Mangfalltal und seine Bergwelt.

Abendstimmung an der Mangfall bei Bad Aibling; in der Ferne Kranzhorn und Kaisergebirge

Bereits die Römer hatten längs des Inns die Grenze zwischen Rätien und Noricum gezogen. In Karolingertagen schied der Fluß den Sundergau vom Chiemgau. Links zählte das Land zum Bistum Freising; rechts des Inns regierte das Erzbistum Salzburg. Über fast zweitausend Jahre bestand diese kulturelle Wasserscheide. Sogar in der Kleidung unterschied man sich: im Aiblinger Land wurde die Miesbacher Tracht, jenseits des Inns die Chiemgauer Tracht getragen. So haben es die Mangfalltaler niemals ganz verwunden, daß Beamtenwillkür die geschichtlichen Zusammenhänge ignorierte und den Landkreis Aibling 1972 mit dem Chiemgau statt mit Miesbach oder Glonn vereinte. Wegen dieser Grenze hatte man zu lange zu viel ausgestanden, um nun schmerzlos alles zu vergessen.

Eine Kindheit in Bad Aibling - das war in den Fünfzigerjahren noch ein Leben in einer bayerisch reputierlichen Kreisstadt; Leben an einem Ort, wo jeder jeden kannte. Für die Honoratioren wurde nachmittags beim Landrat Tee gereicht. In den alten Kurhotels florierte ein eleganter Bade- und Kulturbetrieb. Es war die Zeit, als selbst das deutsche Kino die Region am Wendelstein für sich entdeckte, als Publikumslieblinge wie Hans Moser, Marianne Koch und Joachim Fuchsberger im pittoresken Land rund um die Kurstadt drehten: ein paar Klassiker des deutschen Nachkriegsfilms wie "08/15", "Schloß Hubertus" und "Der Sündenbock von Spatzenhausen" sind bei Bad Aibling entstanden. Es war jene Zeit, als - von den Damen ehrfurchtsvoll bestaunt - der große O. W. Fischer noch im Ludwigsbad logierte und wie ein normaler Sterblicher am Morgen durch den Ort spazierte und sich seine Zeitung kaufte. Es war, kurz gesagt, Provinz in ihrer liebenswürdig reinsten Form: Krähwinkel als Weltbad.

Eine Kindheit in Bad Aibling, das war allerdings auch nackte Nachkriegswirklichkeit. Die Lazarette, das US-Gefangenenlager und die Flüchtlingsströme hatten Menschen aller Gegenden wie Strandgut angelandet. Invaliden rollten durch die Straßen, in entsetzlichen schwarzen Kisten, die wie Särge auf Rädern aussahen. In den Stallgewölben der alten Bauernhäuser versuchten Handwerker mit schlesischen Dialekten, sich mit improvisiertem Werkzeug neue Existenzen aufzubauen. Eilig hingestemmte Siedlungen verbauten ringsum die Landschaft. Jahre lang dröhnten die Dampfhämmer, als nach dem Hochwasser von 1955 die Regulierung der Glonn in Angriff genommen wurde; das unentrinnbar monotone Schnauben und Stampfen der Maschinen blieb wohl jedem, der es Tag für Tag ertragen mußte, lebenslang im Ohr.

Eine Kindheit in Bad Aibling, das war endlich eine Zeit der Feste. Da waren die Märkte, wo man sich Gesicht und Finger mit Türkischem Honig verklebte; wo der Vogeljakob unscheinbaren Pappescheibchen die unglaublichsten Triller entlockte; wo geheimnisvolle Wundermittel feilgeboten wurden, die selbst Ölruß in Sekundenschnelle aus dem Teppich zogen (aber nur am Markt, niemals zuhause); wo es Spielzeug gab, das garantiert am nächsten Tag kaputtging - aber eben deshalb ganz besonders herrlich schien. Da war der "Fülleimarkt", wo Ferkel quietschten, Kälber traurig schauten und - nach langen, hitzigen Debatten zwischen "Viechtandlern" und Kunden - mehr oder minder edle Rösser den Besitzer wechselten. Da war das Aiblinger Volksfest, wo man nebst Karussell und Riesenrad und Autoscooter noch weit Wundersameres bestaunen konnte: Schlangenmenschen, Frauen ohne Unterleib, Matronen mit Rauschebärten. Und da waren die berühmten Feuerwerke: zum Abschluß der Wiesn, beim Parkfest im Kurpark und am Independence Day vor der US-Kaserne.

Da war der Wiesnaufzug. Sein Weg führte durch die Stadt hinauf zum Festplatz, vorneweg die Kaltblüter-Gespanne mit den schweren Bräuwagen; dahinter in offener Kutsche der Landrat, der Bürgermeister und die Wiesenwirte, dann die Kellnerinnen und natürlich die Blasmusik. Da waren die Aufmärsche der Trachtenvereine und Gebirgsschützen. Da waren die historischen Festumzüge: Römer und Germanen, Bajuwaren, fränkische Edelleute, Ritter, Schwedensöldner und herausgeputzte Biedermeierdamen - alle würdevoll in ihrer Rolle befangen, aber doch mit stolz-kokettem Augenzwinkern: Kennst mi no? Da waren nächtliche, pathetisch düstere Fackelzüge. Und da war im Fasching Aiblings weitbekannter "Gaudiwurm" mit Prunk- und Blumenwagen, Maskengruppen und Musikkapellen und mit sorgsam inszenierten Spitzen gegen die lokale Politik. Und immer standen Tausende am Wegrand, die sich das Spektakel nicht entgehen ließen.

Weit pompöser, sinnverwirrender als alle weltlichen Feiern aber blieben doch die Prozessionen am Fronleichnamsfest. Die Stadt schmückte sich dafür mit Hunderten von jungen Birken. Rotgoldene Tücher hingen an allen Fenstern. Die Vereine kamen mit ihren Fahnen und in Festtagstracht. Kommunionkinder umklammerten mit heiligem Eifer ihre Kerzen. Die drei Böllerschüsse bei der Wandlung ließen rings die Scheiben zittern. Und die kunstvoll aufgebauten Prozessionsaltäre tauchten Aiblings Plätze in ein Meer von Blumen.

Der Föhn rückt Bad Aibling dem Gebirge nahe.

Inmitten blühender Obstbäume: Westerham bei Feldkirchen

Blick übers Aiblinger Moor auf die "Schlafende Jungfrau"

Blickfang bei Festen: die Mangfalltaler Frauentracht.

Die Berblinger Kirche im Schmuck eines Blumenteppichs

Juwel des Barock: Ignaz Günthers Weyarner "Verkündigung"

Heute geht man das gelassener, dezenter an. Das absurd gestiegene Verkehrsaufkommen macht es fast unmöglich, eine ganze Stadt für ein paar Stunden abzusperren. Nur noch draußen auf dem Land, in Berbling, Lippertskirchen, Au und Feilnbach sind die Prozessionen weiterhin barocke, überwältigende Feste. Auch die Bittumgänge wurden seltener: die Gruppen ernst dreinblickender Bäuerinnen und Bauern, die mit Kreuz und Weihrauchkessel auf die Felder zogen, um durch ihr Gebet Gewitterschlag und Hagel fernzuhalten (die vielbespöttelte Rosenheimer Hagelabwehr per Flugzeug hat ganz sicher vorweisbare, auch statistisch meßbare Erfolge; aber sie wirkt manchmal doch wie eine Überführung der katholischen Beschwörungsriten in eine neue, säkulare Religion der Technik).

Bilder, Zeiten und Erinnerungen - Regionalgeschichte ist persönlich und privat: man liest sie nicht, man lebt sie. Sie erwächst aus dem Gesehenen, Erlittenen, Erzählten, dem Erwohnten und Erwanderten. Jedoch Erinnerung bleibt immer subjektiv; gerade weil sie sich ans Greifbare und die Erfahrung klammert. Der gelassene Blick des Historikers fällt leicht, wo die Geschichte auf den großen Bühnen spielt, wo tausend Dokumente sich zum scheinbar stimmigen Gemälde fügen. Der Chronist der eigenen Landschaft ist da ärmer dran. Wem soll er mehr vertrauen: Bücherweisheit oder Augenschein? Dem fremden Zeugnis oder dem der eigenen Verwandten und Vertrauten?

Und doch läßt sich ohne Rückversicherung im Allgemeinen das Besondere weder erfassen noch ermessen. Nicht von jedem Vorgang geben Orte oder Funde Nachricht. Die persönliche Erinnerung hat Grenzen. Regionale Dokumente aber sind zumeist von ungelenken Händen - und nicht selten auch von ungelenken Geistern abgefaßt. Geschichtsschreibung am Land war stets ein Werk der Amateure: Priester oder Lehrer, die sich ihrem Stoff mit aller Liebe und Begeisterung, doch auch mit aller Unbekümmertheit des Dilettanten näherten. Der Blick reichte oft wenig weiter als zur nächsten Kirchturmspitze. Was geschrieben wurde, war pro domo aufgezeichnet, war der eigenen Pfarrei oder Gemeinde, dem Verein oder dem eigenen Steckenpferd verpflichtet. Und wer heute an die so errichteten Gebäude klopft, dem kommt der feste Grund aus Daten, Einsichten und Fakten oft genug ins Wanken.

Dieses Buch wirft einen anderen, gewiß nicht neuen, aber ungewohnten Blick ins Mangfalltaler Land. Es unternimmt den naheliegenden, doch bislang ungeschriebenen Versuch, eine Geschichte der Region von ihrer Frühzeit bis in die Probleme unserer Tage chronologisch darzustellen. Und es unterfängt sich, die Bausteine dieser Daten in das größere Mosaik der bayerischen und europäischen Geschichte einzufügen. Solch ein Puzzle bleibt notwendig lückenhaft. Es trifft seine Auswahl ebenso begrenzt und subjektiv wie die vergangenen Lokalchroniken. Und es ist dem Risiko des Irrtums, der Verzerrung,

Bad Aibling im Winter. Der erste Schnee verwandelt die Partie an der Glonn in eine melancholische Märchenlandschaft.

Fehleinschätzung und Legendenbildung ganz gewiß nicht weniger als jene unterworfen. Doch allein die Änderung der Perspektive bei nur leicht versetztem Standort macht das Unternehmen lohnend.

Einen zweiten, von Erinnerungen weniger beschwerten Blick auf Aiblings Landschaft warfen die zwei Fotografen dieses Buches: Kurt Schubert und Klaus G. Förg. Ihr Blick zeigt die Gegenwart des Mangfalltals. Aber auch er zeigt sie aus ungewohnter Perspektive. Er will dem Betrachter helfen, abseits der bekannten Bilder zu entdecken, wieviel Schönheit, welchen Reichtum alter Baudenkmäler, welche Fülle an versteckten Kostbarkeiten dieses Mangfalltal zu bieten hat.

Ein dritter, letzter Blick ist auf die kulturelle Tradition gerichtet: auf die Kunst, das Brauchtum und die Eigenheiten eines Landstrichs, in dem Dorf und Stadt, Fabrik und Landwirtschaft, Folklore und Weltkunst, Volkstheater und skurrile Volksjustiz sich oft genug zusammenraufen und mit Zähneknirschen arrangieren mußten.

Eine solche Näherung ist trotz der Vorbehalte nicht zu leisten ohne Quellen. Und so bleibt der Autor seinen Vorgängern, vor allem den zwei Aiblinger Chronisten Joseph Grassinger und Franz Andrelang sowie den Beiträgern des Jahrbuches "Der Mangfallgau" in vieler Hinsicht verpflichtet.

Allerdings: Erlebbar werden die verschlungenen Wege der Geschichte erst, wenn sie im wörtlichen Sinn beschritten werden. Wer nicht selber vor dem Wall der Keltenfestung Fentbach stand, wer sich die Römerstraße bei Göggenhofen nicht erwandert hat: für den bleibt die Historie etwas Abstraktes, Totes. Deshalb lädt dieses Buch nicht nur zum Lesen und Schauen, sondern auch zum Suchen und Entdecken ein.

Mein Dank gilt endlich sieben bewährten Freunden: Helmut Loose, Max Regensburger, Peter Schmid, Florian Sporer, Ludwig Stadler, Manfred Stöger und Marianne Weber. Als Kenner der Region und ihrer Geschichte standen sie mit Rat und Tat zur Seite. Und sie halfen mir durch ihre Korrekturen auch, dieses Buch zumindest vor den gröbsten Fehlern zu bewahren.

Das Mangfalltal

Geschichte einer Landschaft

Als im Jahr des Herren 1078 Freisinger Mönche die Besitzungen ihres Bistums in Traditionsbüchern verzeichneten, protokollierten sie auch Kirchengüter im Tal eines Flusses vor den Alpen, den sie "Manachfialta" - "Mannigfaltige" benannten. Ob dies eine Umschreibung war oder ein Name, den auch die Bewohner des Tales selbst benutzten, wissen wir so wenig, wie wir jenen Namen kennen, den die Kelten, Römer oder Bajuwaren einst dem Flußlauf gaben. Doch die Zuschreibung der Mönche benannte das Gewässer und seine Landschaft so poetisch und zugleich so treffend wie keine andere. So blieb sie erhalten. Im 12. Jahrhundert schrieb man den Fluß bereits schlicht "Manicvalt". Um 1450 war eine "Mangfallt" daraus geworden. Und seit dem 17. Jahrhundert nannte man den Namen so, wie wir ihn heute kennen: Mangfall.

Mannigfaltig war der Lauf der Mangfall einst tatsächlich. Das begradigte, vielfach kanalisierte und mit Stufen regulierte Flußbett unserer Tage hat nichts mehr gemein mit jener ungezähmten Strömung, die einst in Mäandern, Inseln, Altwassern und Nebenästen ihre Landschaft formte, den Verlauf fast jährlich änderte und so für die Talbewohner zugleich Lebensader und Bedrohung war.

Jene ausgedehnte Fläche, die sich heute zwischen Feldkirchen und Rosenheim auf eine Breite bis zu sieben Kilometer öffnet, ist jedoch kein reines Werk des Flusses. Im Gegenteil: Erst die Entstehung der Talmulde lenkte den ursprünglich in die Mühldorfer Region gerichteten Verlauf des Wassers um und gab ihm seine gegenwärtige Richtung.

Die Kräfte, die diese Verformung einer ganzen Region bewirkten, waren die Eismassen des Inngletschers bei seinem letzten großen Vorstoß am Höhepunkt der Würm-Eiszeit vor 25 000 Jahren. Das Eis drang dabei in ein Gelände vor, das bereits weitgehend abgeflacht war - als Ergebnis eines ebenso langwierigen wie vielgestalten geologischen Vorgangs. Bei der Auffaltung der bayerischen Alpen aus dem Kalk der urzeitlichen Tethys-See hatte sich zunächst ein Graben gebildet: eine Meeresspalte entlang jenes Bruches, an dem die Adriatische Platte über den Seeboden aufglitt. Dieser Einbruch an der Nordkante des neu entstehenden Gebirges füllte sich allmählich mit Gesteinsablagerungen, während zugleich das gesamte Gelände durch den Druck der geophysikalischen Kräfte immer weiter angehoben wurde.

Diese sogenannte Flysch-Schicht bildete am Ende ein Vorgebirge vor dem eigentlichen Alpenkamm: eine Hügelkette, die durch ihre lockeren Geröllstrukturen jene mild gerundete Gestalt annahm, wie sie die Berge am Alpennordrand heute zeigen. Währenddessen öffnete sich durch den immer wuchtigeren Anprall der adriatischen Platte ein weiterer Verwerfungsgraben, der sich wiederum mit Sedimenten füllte, die in großer Masse aus den Flyschgebirgen abgetragen wurden. Diese Schichten erreichten eine Mächtigkeit von fast fünftausend Metern und führten zur Verlandung des gesamten Tethys-Meeres. Was zurückblieb, war der trockene Meeresboden, der sich durch die Kräfte der Tektonik zu einer Höhe von 500 bis 1000 Metern hob und als Molasse-Rücken jene Höhenzüge entlang des Irschenberges formte, die das Mangfalltal im Süden und Westen begrenzen.

Es war ein umwälzender, doch kein dramatischer Prozeß. 200 Millionen Jahre liegen zwischen dem Beginn der Auffaltung und unserer heutigen Landschaft. Und die Kohleflöze, die sich durch das gesamte Gelände ziehen und im Süden Aiblings nahe Au zutage treten, geben Zeugnis, daß wir uns die Gegend an der Mangfall über Jahrmillionen als ein tropisches Sumpfland mit üppiger Vegetation und einer nach modernem Begriff exotischen Tierwelt zu denken haben.

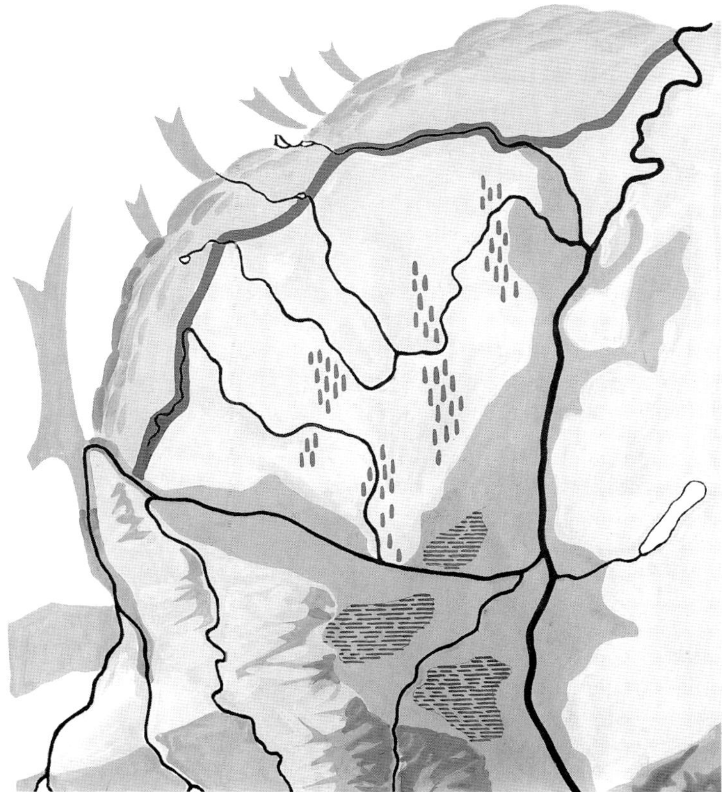

Zwei gewaltige Entwässerungsströme leiteten die Mangfall am Höhepunkt der Würm-Eiszeit zunächst in die Münchner Schotterebene und dann - bei Zurückweichen des Eises - in einem weit ausgreifenden Bogen in den Inn bei Gars.

Urlandschaft aus zweiter Hand: nach seinem therapeutischen Gebrauch fließt das Aiblinger Heilmoor in die Natur zurück.

In die Erd- und Schottermassen dieser vorzeitlichen Tropenlandschaft drangen vor rund einer Million Jahren die Gletscher der Eiszeit. Aber während der Mangfallgletscher nur das schmale Tegernseer Tal ausformte, wälzte sich der Inngletscher mit Eismassen von einem Kilometer Dicke aus dem Hochgebirge in die Täler. Es gab zwischenzeitlich immer wieder Wärmeperioden. Auch der letzte Vorstoß in der Würm-Eiszeit vor etwa 80 000 Jahren war kein linearer Vorgang. In jahrtausendelangen milden Intervallen konnten Flora und Fauna immer von neuem Fuß fassen. So wurde in einer Kiesgrube bei Tuntenhausen inmitten eiszeitlicher Geschiebemassen eine 45 000 Jahre alte Torfschicht als Rest einer reichen Vegetation entdeckt. Doch zur Zeit der tiefsten Fröste vor rund 25 000 Jahren bildeten Inn- und Chiemseegletscher einen Panzer, der von Traunstein bis Feldkirchen-Westerham und tief in die Region vor Ebersberg und Grafing reichte.

Allerdings - es war kein reines Eis, das diese Fläche bedeckte. Riesige Mengen Geröll und Sand, selbst tonnenschwere Findlinge wie der berühmte "Große Stein" bei Au waren im Gletscher eingeschlossen. An der Front des Eises schob sich zudem das Gelände gebirgig auf, während es an seinem Grund geradezu planiert wurde. Aber auch diese Erdumwälzungen erfolgten nicht gleichförmig. Zunächst schob sich der Gletscher in einer einzigen, gewaltigen Zunge aus dem Inntal: ein Halbkreis, der sich im Westen bogenförmig entlang der heutigen Orte Feilnbach, Au, Berbling und Willing erstreckte und im Norden über Rosenheim bis Schechen reichte. Dann zerfaserte das Eis allmählich in Einzelzungen, die den Simssee, die Flußtäler der Attel und der Glonn und vor allem das Mangfalltal ausschürften. Erst über diese vorgeschobenen Zungen breitete sich ein letzter, größter Eismantel, der schließlich die gesamte Region bedeckte. Entlang dieses Panzers flossen auch die Mangfall, die Schlierach und die Leitzach, um sich in die Münchner Schotterebene zu ergießen; bis sie sich beim Zurückweichen des Eises mit den Schmelzwässern des Gletscher selbst verbanden und in breitem Strom bei Gars in den Inn einmündeten.

Als das Eis vor zwanzigtausend Jahren abschmolz, blieben die aufgeworfenen Schuttmassen an seinen Rändern liegen und bildeten als Endmoränen jene Hügelkette, die heute die Region vom Aschbacher Berg bis Glonn und Ebersberg umgrenzt. Die ursprünglich im Gletscher eingeschlossenen Geröllmassen formten das sanft wellige Gelände, das den Aiblinger Norden zwischen Jakobsberg und Tuntenhausen prägt. Zahlreiche Drumlins, also in Nord-Süd-Richtung verlaufende stromlinienförmige Bodenwellen, markieren zugleich die Bewegung des Eises. Nur die Täler, in die sich der Strom der Gletscherzungen geschoben hatte, blieben als Senken zurück und bildeten - ringsum von Hügeln eingeschlossen - die Wasserfläche des Rosenheimer Sees.

Dieser See hatte zur Zeit seiner größten Ausdehnung eine Länge von Kiefersfelden bis Wasserburg und eine Breite von Feldkirchen-Westerham bis Endorf. Und es war zwangsläufig, daß die Flüsse Glonn und Mangfall, die ihren Weg bislang nach Norden entlang des Eises genommen hatten, nach Südosten abknickten und sich in das neu entstandene Tal ergossen.

Einziger Abfluß dieser Wassermassen aber blieb der Inn. So grub sich dieser immer tiefer in die Landschaft und riß dabei markante Formationen wie die Steilhänge um Wasserburg aus dem Grund. Doch parallel zum Absinken der Flußsohle sank auch der Wasserspiegel im gesamten See. Der stete Zustrom mehrerer Flüsse hatte mittlerweile eine bis zu 150 Meter dikke, wasserundurchlässige Tonschicht am Seeboden abgelagert. Nun kehrte allmählich die Vegetation zurück und verwandelte das Areal in ein ausgedehntes Moor- und Sumpfland. Nur entlang der Flußläufe von Inn und Mangfall machte angeschwemmter Kies den Boden tragfähig. So fand schließlich auch der Mensch dort seine ersten Siedlungsmöglichkeiten.

Dieser Wechsel der Entstehungsformen aber macht zugleich die Vielfalt und den Reiz des Mangfalltals und seiner Landschaft. Im Süden begrenzen die Alpen mit dem Breitenstein, dem Wendelstein, dem Soin, dem Riesenkopf und der Hochsalwand den Blick - eine Formation, die wegen ihrer eigentümlichen Silhouette im Volksmund den Beinamen "Die schlafende Jungfrau" trägt. Davorgelagert sind die Hügel der Aiblinger Hausberge: der Schwarzenberg, die Sternplatte, der Farrenpoint und der Sulzberg. Im Westen erstreckt sich vor den Tegernseer Bergen eine Kette aus Molasse- und Moränenzügen bis zum Irschenberg. Im Südosten öffnet sich der Blick ins Inntal auf Kranzhorn und Heuberg und die Bergmassive des Wilden und Zahmen Kaisers. Die Chiemgauer Alpen mit der markant gezahnten Kampenwand schließen sich an. Und an sehr klaren Tagen reicht der Blick durchs Inntal bis zur Großvenediger-Gruppe in den Hohen Tauern - ein in seiner Schönheit einzigartiges Panorama.

Doch kaum minder reizvoll ist der Norden, wo der Gletscher zwischen Ellmosen, Beyharting und Tattenhausen eine Hügellandschaft hinterließ, die zu Wanderungen und Touren aller Art einlädt: eine Bilderbuch-Region mit kleinen Dörfern, Feldern, Weiden, Wäldern, Mooren und Bächen. Das Wesen des bayerischen Oberlandes blieb hier unversehrter gegenwärtig als in manchem überlaufenen Touristik-Zentrum.

Zwischen solchen Berg- und Hügelregionen liegt das Mangfalltal. Welche titanischen Kräfte dieses Land einst formten, erlebt man am eindrucksvollsten, wenn man an einem klaren Morgen die berühmte "Schöne Aussicht" von Kleinhöhenrain nördlich Bruckmühl besucht. Mit etwas Glück hängt dann noch Nebel im Tal und macht die Illusion des alten Rosenheimer Sees vollkommen. Wenn die Nebel weichen, öffnet sich umrahmt von Bergen eine grüne Ebene, die sich östlich ins Unendliche zu erstrecken scheint.

Kaum minder eindrucksvoll ist der Blick, den man genießt, wenn man die Autobahn vom Irschenberg in einer weiten Kurve Richtung Dettendorf befährt und das Mangfalltal dabei fast wie im Kameraschwenk eines Landschaftsfilmers vorbeizieht - mit dem Kirchturm von Bad Aibling als dem Punkt, an dem das Auge festhält.

Die Erlebnismöglichkeiten allerdings sind damit erst am Anfang. So führt von Bad Aibling über Willing, Berbling, Dettendorf und Au ein Radwanderweg nach Bad Feilnbach. Die Route folgt der Trasse einer aufgelassenen Bahnlinie und erschließt dem Benutzer die ganze landschaftliche Fülle des südlichen Mangfalltals vom Weitmoos über die Ausläufer des Auerberges bis in die ausgedehnten Obstbaugebiete am Fuß der Alpen. Jeder Ort an dieser Strecke bietet wiederum lohnende Rad- und Wandertouren. Und von Feilnbach aus beginnt der Aufstieg auf bewirtschaftete Almen und Hütten wie die Tregler-Alm, die Wirts-Alm und die Aiblinger Hütte und dann weiter hinauf zu einem der berühmtesten und schönsten Aussichtsberge der bayerischen Alpen - dem 1838 Meter hohen Wendelstein (wer den vierstündigen Fußweg scheut, dem sei die pittoreske Zahnradbahn von Brannenburg empfohlen).

Die geologische Struktur des Mangfalltales wird eindrucksvoll erfahrbar, wenn man die Straße über Willing und Götting zum Irschenberg einschlägt. Nach einem ebenen Weg durch Dörfer und Felder setzt bei Unterleiten die Steigung der Molassehügel fast unvermittelt an. Aber die Anstrengung lohnt. Denn bei Aufham bietet sich eine hinreißend weite Aussicht über die Mangfall-Ebene und dann, jenseits des Irschenberges, ein nicht minder überwältigender Ausblick auf die Alpenkette mit der Wallfahrtskirche von Wilparting - neben Herrenchiemsee und Neuschwanstein eines der meistfotografierten Motive im Alpenvorland.

Das nordwestliche Mangfalltal lernt man von seiner schönsten Seite kennen, wenn man von Bad Aibling aus entlang der Glonn nach Mietraching und weiter über Weihenlinden und Högling bis Kirchdorf wandert. Es ist ein Samerweg, also eine alte Salzstraße, die man hier betritt. Und wahrscheinlich folgt sie dem Verlauf der weit älteren römischen Konsularstraße.

Berblinger Impressionen: Sommerwiesen, Kühe auf der Weide und im Hintergrund der Zwiebelturm

Der Wendelstein - das Wahrzeichen des Mangfalltals

Die Kiesgruben am Wegrand haben sich im Lauf der Zeit zu einem ausgedehnten See erweitert: aber im Bereich der Förderzone geben sie noch unmittelbaren Einblick in die Erdgeschichte dieser Fluß- und Gletscherlandschaft.

Die langgestreckte Hügelformation der Drumlins, also der Grundmoränen des einstigen Inngletschers, erlebt man am besten, wenn man den Heimatsberg im Norden von Bad Aibling besucht. Auch das Alpenpanorama mit der "Schlafenden Jungfrau", den Chiemgauer und Tegernseer Bergen und dem Inntal stellt sich von kaum einem anderen Punkt in der Region weiträumiger und vollkommener dar. Und wer von hier aus nach Thalacker und dann weiter in Richtung Tuntenhausen wandert, der lernt auch die Reste jener Moore kennen, die sich auf der Lehmschicht alter Gletschermulden bildeten.

Eine Tour von ebenso hohem landschaftlichem wie historischem Reiz bietet der Rundweg entlang des Mangfallknies von Weyarn nach Valley und Grub und zurück über Kleinhöhenkirchen und Fentbach. Die Beuge dieses Knies, in dem der Fluß mit einem Doppelknick die Richtung zweimal um fast neunzig Grad verändert, ist zugleich der letzte Ausläufer einer Erdverwerfung, die sich in einem weiten Halbkreis nach Südwesten bis Bad Tölz erstreckt: der Volksmund gab dieser Schlucht den Namen "Teufelsgraben". Und die Einschnitte des eiszeitlichen Flusses in die Landschaft sind hier geradezu dramatisch sichtbar. Der im Flußknie gelegene Höhenrücken wirkt dagegen wie eine natürliche Festung und ermöglichte so den Ausbau mehrerer antiker Wehranlagen.

Um Bad Aiblings Hochmoorgebiete mit dem ganzen Reichtum ihrer zum Teil noch eiszeitlichen Pflanzenwelt mit Wollgras, Fettkraut, Torfmoos, Moosbeere und Zwergformen von Kiefer, Föhre und Birke zu erleben, bietet sich der Weg durch die Harthauser Filze oder in die ausgedehnten Filzen zwischen Schlarbhofen und Nicklheim an. Allerdings empfiehlt es sich hier, die markierten Wege einzuhalten. Denn besonders die rekultivierten Sumpfmoore sind recht tückische Gelände, die für Ortsunkundige nicht ohne Gefahren bleiben.

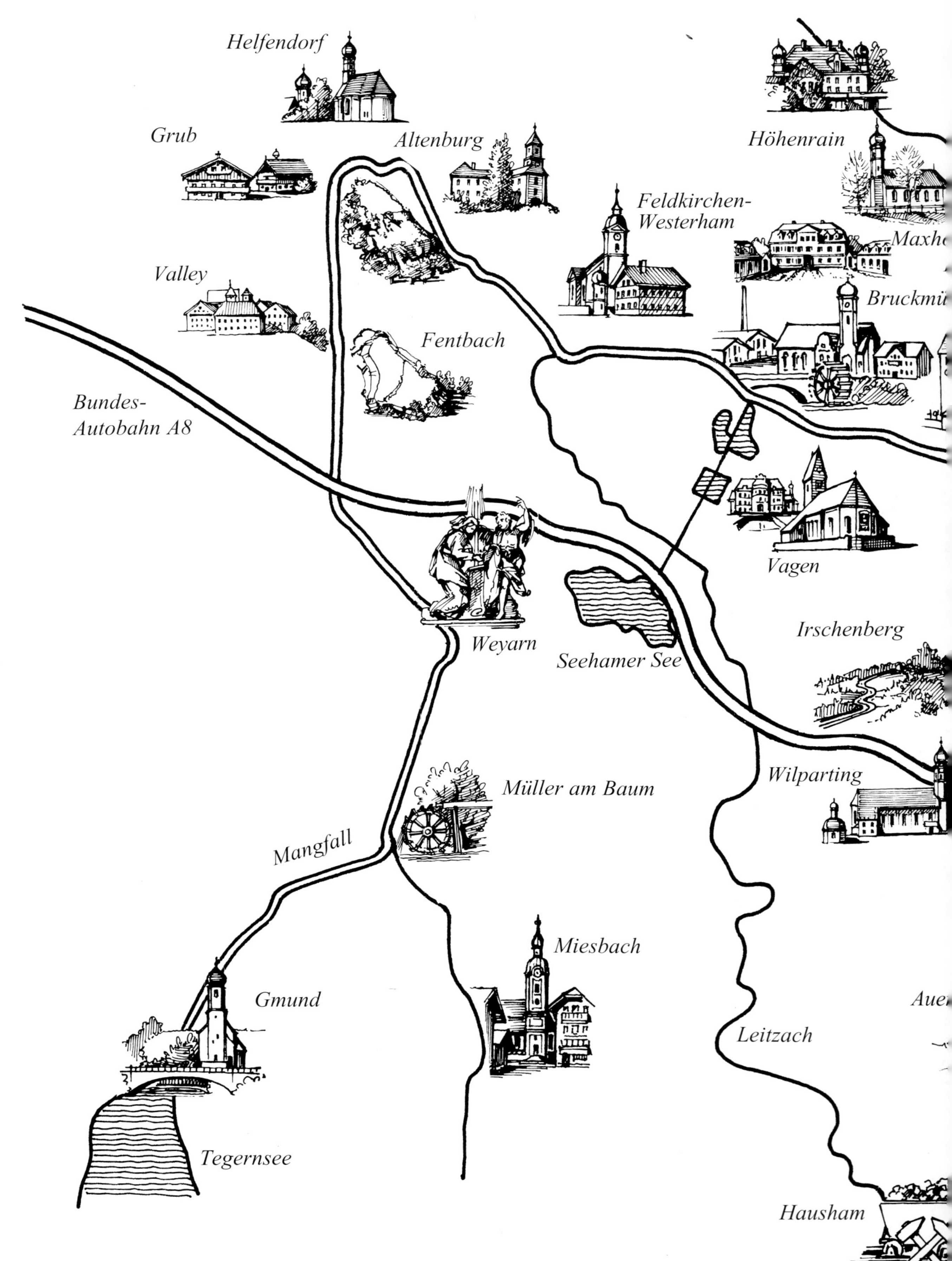

Helfendorf
Grub
Altenburg
Höhenrain
Feldkirchen-
Westerham
Maxh
Valley
Bruckm
Fentbach
Bundes-
Autobahn A8
Vagen
Weyarn
Seehamer See
Irschenberg
Müller am Baum
Wilparting
Mangfall
Miesbach
Gmund
Au
Leitzach
Tegernsee
Hausham

Glonn
Tuntenhausen
Beyharting
Pfaffenhofen
Westerndorf St. Peter
a. H.
Maxlrain
Jakobsberg
Großkarolinenfeld
Weihenlinden
Mietraching
Bad Aibling
Kolbermoor
Rosenheim
Inn
Götting
Pullach
Berbling
Kematen
Au
Lippertskirchen
Kutterling
Litzldorf
ein
Bad Feilnbach
HEIN 95

Gott Mithras im Kampf mit dem Stier schmückt dieses "Terra sigillata"-Kultgefäß aus den römischen Manufakturen von Pons Aeni, dem heutigen Westerndorf St. Peter an der Einmündung der Mangfall in den Inn (Heimatmuseum der Stadt Rosenheim).

Land der Kelten, Land der Römer

Die Erschließung des Mangfalltals von der Eiszeit bis zur Karolingischen Epoche

Das Land unterm Wendelstein ist jung. Als zwölf Jahrtausende vor unserer Zeit im Altmühltal die steinzeitlichen Jäger ihre Waffen mit Ritzbildern des Mammuts schmückten, breitete sich zwischen Irschenberg und Chiemgau noch eine riesige Wasserfläche. Als sechstausend Jahre später thüringische Stämme an der Donau ihre Höfe bauten, war das Mangfalltal ein weglos wüstes Sumpfgebiet. Was immer sich vor diesem letzten großen Andrang der Natur an Leben, Zivilisation und früher Kunst im Mangfalltal ereignet haben mochte, liegt tief unter Panzern von Geröll und Schlamm begraben.

So bleibt jede Frage nach der prähistorischen Besiedelung des Aiblinger Landes Spekulation. Es gibt zwar verstreute Funde von altsteinzeitlichen Geräten: einen rechteckigen Schaber aus dem Flußkies nahe Götting; dreieckig geformte Werkzeuge vom Fuß des Irschenberges; eine Silex-Pfeilspitze aus Kolbermoor. Doch ob es sich dabei um autochthone oder angeschwemmte Stücke handelt, läßt sich kaum bestimmen. Und selbst mittelsteinzeitliche Artefakte aus der Vagener und Bruckmühler Gegend - seien es nun Dolche, Meißel oder Schaber - könnten ebensogut auch durch den Fluß hierher gelangt sein.

Erst mit Anbruch des vierten vorchristlichen Jahrtausends öffnet sich für uns historisch sicheres Terrain. Die zahlreich aufgefundenen Objekte zeigen einen hohen Grad der technischen Verarbeitung. Doch immer noch ist es vor allem das Gebiet entlang des Flußlaufs, wo Steinmeißel und Steinbeile eine frühe Zivilisation vermuten lassen. Nur vereinzelt wagten es die Menschen jener Tage, auch den umliegenden Mooren Ackerböden abzuringen: so fand sich ein Schuhleistenkeil, also eine flach zugespitzte Pflughacke, relativ weit vom Fluß entfernt in einer Filze nahe Thann. Ansonsten aber waren es vor allem Jäger, die den Weg in das von Eis und Wasser freigegebene Tal riskierten.

Eine größere Besiedlungswelle setzte um 3000 v. Chr. ein und erreichte ihren Gipfel bei Anbruch der Bronzezeit. Der Kupferkessel von Götting dürfte hier ein erster Beleg sein. Aber auch bei Aising entdeckte Reste eines Gehöfts sowie ein Bronzebeil im Moor von Pang bestätigen das Wachsen einer frühen Hochkultur. Im zweiten vorchristlichen Jahrtausend öffneten sich dann erste Handelswege durch das Mangfalltal. Mehrere Depots von Bronzeringen und Barren konnten geborgen werden und bezeugen einen regen Güterverkehr des unverzichtbaren Metalls. Dreihundert streifenförmige, getriebene Kupferbarren fanden sich zwischen Schönau und Hohenthann. Siebzehn Rippenbarren waren es im Moor von Walpersdorf, zweiundzwanzig Bronzeringe im Bereich des Mangfallknies bei Grub. Hufeisenförmige Barren lagerten in Götting. Und schließlich sicherte man im gesamten Flußtal zwischen Feldkirchen, Aibling und dem Innufer bei Pfraundorf Hügelgräber, die von der Urnenfelderzeit ab 1250 v. Chr. über die Hallstattzeit ab 1000 v. Chr. bis in die La-Tène-Zeit reichen - also in jene Epoche um 500 v. Chr., in der neue Siedlungsströme das Gebiet überrollten. Drei Fundorte am Südufer des Flusses erwiesen sich dabei als besonders aufschlußreich: das Urnenfeld von Thalham mit sechs Aschekrügen und diversen Grabbeigaben in gemauerten Schächten; die Hügelgräber bei Mittenkirchen/Vagen, Unterleiten und Staudhausen, wo schlichte, unverzierte Tongefäße sowie Bronze-Armreife und Ringe zutage traten; und schließlich ein Schmelztiegel aus einem Grab bei Mitterham als Nachweis früher Eisenverarbeitung.

Dennoch - die schönsten und spektakulärsten Funde gelangen 1930 mitten im Moor bei Torfsticharbeiten in der Schratzelseer Filze nahe Ellmosen. In Bodentiefen zwischen ein und zwei Metern lagerten sechzehn Bronze-Schmucknadeln. Die Länge der Objekte variiert zwischen 14 und fast 40 cm, wobei Nadelköpfe und Schäfte zum Teil aufwendig ornamentiert sind. Vermutlich handelte es sich um Opfergaben, die einst über Jahrhunderte in einen heute verlandeten Tümpel geworfen wurden. Die Kultstätte eines matriarchalen Fruchtbarkeitsrituals? Und wer waren die Menschen, die hier mitten in der Wildnis ihren unbekannten Göttern opferten? Sprachreste alter Flurnamen sowie die Gestaltung einzelner Funde gaben der Vermutung Nahrung, jene ersten Siedler könnten aus dem illyrischen Raum, also dem heutigen Albanien und Bosnien gekommen sein. Doch die Geschichtsschreibung tendiert mittlerweile zu der Ansicht, daß die Siedler vor allem aus Norden und Nordwesten ins bayerische Alpenvorland drangen, daß mithin der Zuzug aus dem Balkan eine eher periphere Größe in der Landnahme der alten Gletschergebiete darstellt.

Um die Mitte des ersten vorchristlichen Jahrtausends versank diese frühe Kultur und eine neue Einwanderungswelle spülte ihre Spuren mit sich fort - die erste, die wir mit einem vertrauten Namen verbinden: die Kelten. Eine der markantesten Hinterlassenschaften ihres Kulturkreises findet sich zwischen Westerham und Weyarn auf einem Plateau hoch über der Mündung des Moosbachs in die Mangfall: das Oppidum von Fentbach. Es ist eine imponierende, noch heute durch ihre strategische Vollkommenheit überwältigende Anlage - eine der größten und besterhaltenen südlich der Donau. Das gesamte Areal bildet ein Dreieck von bis zu 800 Metern Seitenlänge. An zwei Flanken ist es natürlich geschützt durch Hänge, die fast unüberwindlich zu den Wasserläufen hin abfallen. Die Südfront öffnet sich dagegen weit ins Land. Sie war deshalb durch Vorwälle gesichert, wobei die südöstliche Bastion mit ihrer Pfeilform einem klassischen Glacis entspricht. Rund 300 Meter hinter diesen Schanzanlagen erhebt sich der 400 Meter lange Hauptwall. Die titanische, zum Großteil künstlich aufgeschüttete Schanze fällt an ihrer Front fast senkrecht ab, während sie zum Burgberg und dem angrenzenden Plateau hin eher flach verläuft. Die einst zusätzlich durch eine Palisade gesicherte Barriere begrenzt eine Fläche von 500 mal 375 Metern: das eigentliche Oppidum. Grabungen und Zufallsfunde erbrachten hier vor allem Gefäßscherben, jedoch auch Eisengeräte und sogar einen Mühlstein. Vor allem aber traten am Hauptwall Schutt- und Brandspuren zutage, die vermuten lassen, daß die Ansiedlung zunächst weit weniger armiert war und erst nach einer Reihe kriegerischer Auseinandersetzungen zur Festung erweitert wurde.

Ob dieser strategisch perfekte Ausbau noch in keltischer Zeit erfolgte oder schon ein Werk der römischen Besatzungstruppen war, bleibt schwer zu klären. Doch in jedem Fall bestand mit dem Oppidum von Fentbach eines der Zentren keltischer Macht im Alpenvorland. Von hier aus erstreckte sich die Landnahme auf das gesamte Territorium von Inn und Mangfall bis hin zu keltischen Siedlungsresten bei Tuntenhausen und Pang. Und auch im Göttinger Raum wurden Schmucknadeln und Gewandspangen aus Bronze geborgen, die die keltische Präsenz belegen.

Im Land um Aibling ist die Fundlage weit weniger spektakulär. Die Nadeln von Ellmosen und zahlreiche Hügelgräber legen zwar nahe, daß der Zusammenfluß von Glonn und Mangfall und die günstige Formation der angrenzenden Hügel schon in vorkeltischer Zeit eine Siedlung entstehen ließ. Doch während der Flußname Glonn unzweifelhaft auf die keltische Wortwurzel "glan" zurückgeht (die sich im Englischen als "clean" = "rein, sauber" erhielt), blieben alle Versuche, Bad Aibling als die bei Ptolemäus erwähnte Keltensiedlung "Carrodunum" oder als ein "Vicus amblicorum" zu identifizieren, im Bereich der Hypothese.

Auch die Präsenz der Römer längs der Mangfall ist unzweifelhaft und läßt sich doch nicht immer an bestimmten Orten festmachen. Die Eingliederung des Alpenvorlandes ins römische Imperium vollzog sich 15 v. Chr., als die beiden Stiefsöhne

Beile, Dolche und andere sorgfältig geformte Bronzewaffen aus Grabfunden bei Götting geben beredtes Zeugnis von der Existenz früher Kulturen im Mangfalltal (alle Objekte der Abbildungen links und rechts stammen aus dem Heimatmuseum Bad Aibling)

des Kaisers Augustus, Tiberius und Drusus, mit ihren Armeen in einer weitausholenden Zangenbewegung von Westen über den Bodensee und von Osten über das Inntal bis zur Donau vordrangen und so das gesamte Territorium eroberten. Die neugewonnenen Ländereien wurden aufgeteilt in die Provinz Rätien, die sich zwischen Rhein und Inn erstreckte, sowie in die Provinz Noricum mit einer Ausdehnung vom Inn bis Wien. Es war vor allem der Keltenstamm der Vindeliker, der sich dabei den Legionen heftig widersetzte. Die bedeutendste der Vindelikerstädte, die "Augusta Vindelicum" (Augsburg) wurde denn auch nach dem römischen Sieg zur Hauptstadt der oströtischen Provinz erhoben, während im Westen Noricums "Iuvavum" (Salzburg) diese Funktion erfüllte.

Die Verbindungsstraße zwischen den beiden Militär- und Verwaltungszentren war die Hauptschlagader, an der das Überleben der zwei neuen Provinzen hing. Sie wurde als "Via consularis" mit aller Leistungskraft der römischen Bautechnik befestigt und war gesäumt von Handelsstationen, welche die Versorgung der Truppen und der römischen Neubürger sicherstellten. Drei der bedeutendsten Stationen waren Isinisca, das heutige Kleinhelfendorf nahe dem Mangfallknie; sodann Pons Aeni als Zollstation am Inn nördlich von Rosenheim; und schließlich Bedaium, also Seebruck am Chiemsee.

Zwischen diesen Landmarken verlief die Römerstraße. Von ihr zweigte bei Helfendorf eine "Publica callis" ab: eine Nebenstraße, die über Wasserburg in Richtung Landshut führte. Vor allem aber traf sich die Konsularstraße bei Pons Aeni mit der strategisch wichtigsten Nord-Süd-Verbindung vom Brenner über Innsbruck nach Castra Regina (Regensburg), der mächtigsten Grenzfestung des Imperiums an der Donau.

Das Mangfalltal hatte somit eine Schlüsselstellung in der römischen Militär- und Verwaltungsplanung; und die Besatzungstruppen nutzten die vorhandenen Infrastrukturen fraglos für ihre Zwecke. Funde bei Valley und Unterdarching belegen ihre massive Präsenz rings um das Oppidum von Fentbach. Auch Kirchdorf und Högling zeigen Spuren römischer Aktivität. Und schließlich ermöglichten die reichen Tonvorkommen am Inn eine blühende Keramikindustrie, die sich nahe der Mangfallmündung bei Westerndorf St. Peter und weiter südlich bei Happing und Pang ansiedelte. Ihre Begründer waren die Rheinpfälzer Meister Comitalis und Helenius. Und ihre exzellent gearbeiteten Produkte - teils mit Punzen kunstvoll dekorierte "Terra sigillata"-Gefäße - fanden ihren Weg bis Litauen und Rumänien.

Die militärische und städtebauliche Präsenz der Römer entlang der Strecke zwischen Isinisca/Helfendorf und Pons Aeni/Pfaffenhofen ist somit vorauszusetzen, wobei sich strategisch einmal mehr der Aiblinger Hofberg anbot. Dennoch konnte der römische Ursprung dieser Wehranlage bislang ebensowenig nachgewiesen werden wie der exakte Verlauf der "Via consularis" selbst. Noch bei Helfendorf und Göggenhofen liegt die alte Heerstraße als eindrucksvolles, schnurgerade in die Landschaft hingestemmtes Monument antiker Baukunst vor uns. Aber dann verliert sich ihre Spur. Und erst ab der Innbrücke von Pons Aeni, deren Name in den Brückenorten Langenpfunzen und Leonhardspfunzen weiterlebt, ist die Streckenführung nach Bedaium/Seebruck wieder zweifelsfrei verfolgbar.

Wo verlief sie also, die berühmte Via Augusta Vindelicum-Iuvavum? Erwägt man die Vorliebe der Römer für eine möglichst kurvenarme Trasse, so kommt nur das Mangfalltal nördlich des Flußlaufs in Frage: also eine Route über Feldkirchen, Kirchdorf, Högling, Mietraching und Aibling bis Pfaffenhofen. Allerdings: Man hätte dann die letzten Meilen quer durch sumpfiges Gelände bauen müssen, während der Umweg am Südufer der Mangfall von Feldolling über Vagen, Götting und Pullach einen problemlosen Untergrund anbot. Beide Varianten stehen sich denn auch als unbelegte Hypothesen bis heute gegenüber; beide haben als Indiz für sich, daß seit dem

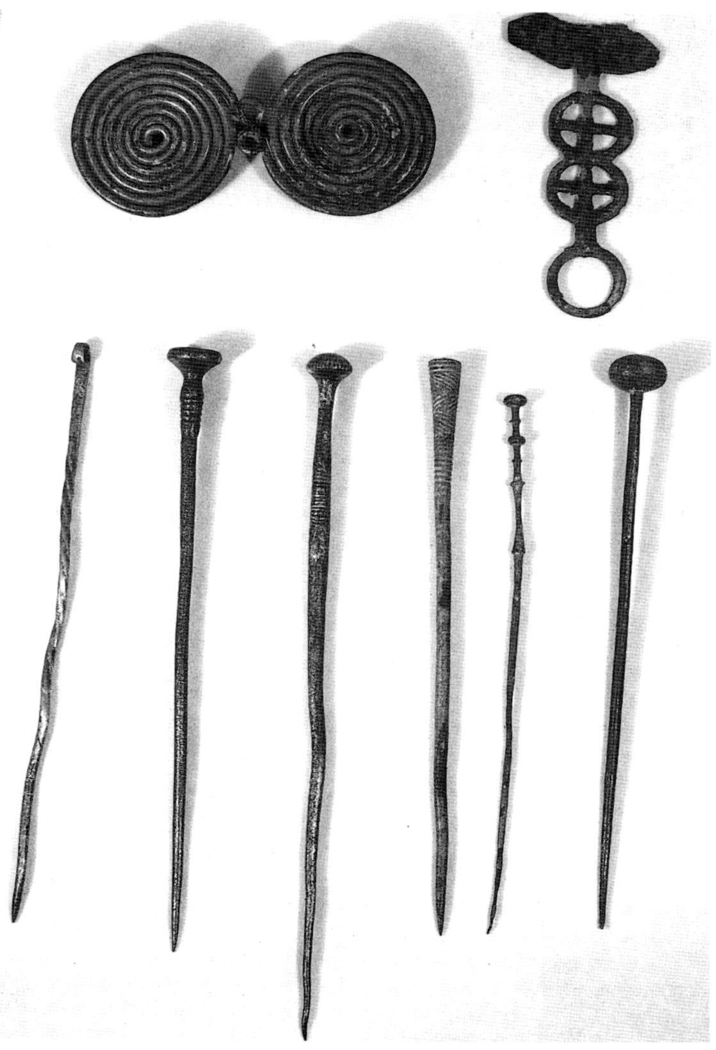

Die Göttinger Spiralfibel, der Bronzegriff eines Rasiermessers sowie Schmucknadeln aus Ellmosen (links) und Weidach (rechts)

"DIIS MANIBUS. MARCELLO PRIMANIVIA VIVA FECIT SIBI ET MATTO SECCIO" - Dem Angedenken des Marcellus und des Mattus Seccius weihte die vornehme Römerin Primanivia diesen Grabstein, der in der Kirchenmauer von Ellmosen gefunden wurde (Abguß im Heimatmuseum Bad Aibling).

frühen Mittelalter Samerwege, also wichtige Salzhandelsstraßen eben diese Strecken nutzten; und auch eine Mautbrücke über den Fluß bei Pullach ist seit ältester Zeit gesichert.

Wie auch immer: die Römer waren rings um Aibling präsent. Und neben Münz- und Scherbenfunden (auch im Stadtgebiet) dokumentiert dies vor allem das Grabmonument des Marcellus, das in der Nordmauer der Ellmosener Kirche freigelegt wurde. Mit seiner Inschrift und dem Reliefschmuck zweier Delphine ist der Stein zugleich das erste individuell benannte Kunstwerk, das im Aiblinger Raum erhalten blieb.

Die römische Herrschaft über Rätien währte bis gegen Ende des 5. Jahrhunderts. Aber die politische Krise setzte schon um 213 n. Chr. ein, als Kaiser Caracalla selbst nach Rätien aufbrechen mußte, um die anstürmenden Alamannen abzuwehren. Seine Verteidigung erschien zunächst erfolgreich, doch sie hielt nicht stand. Nur zwanzig Jahre später nutzten die Alamannen die Konflikte Roms mit den persischen Sassaniden, überschritten erneut die Donau und drangen brandschatzend über das Inntal bis nach Oberitalien vor. Es gelang den römischen Legionen zwar, die fürchterlich verwüstete Provinz noch einmal zurückzuerobern. Der Brückenstützpunkt von Pons Aeni und wohl auch die Festung Fentbach wurden im Gefolge weiter ausgebaut. Ab dem 4. Jahrhundert hielt zudem das Christentum als politisch stabilisierende Kraft in Rätien Einzug. Aber die Region war weder durch Kohorten noch durch den Zusammenhalt des neuen Glaubens zu verteidigen. Als erste Vorboten der Völkerwanderung zogen 358 die Juthungen durchs Voralpenland. Doch der Kampf gegen die Gotenheere Alarichs fesselte die Hauptmacht der römischen Truppen in Italien: die Nordflanke des Imperiums lag weitgehend ungeschützt. Sogar die heldenhaften Bemühungen Bischof Severins beschränkten sich nach 460 nur noch auf verzweifelte Evakuierungsmaßnahmen. Germanisch-fränkische Trupps drangen zunächst vereinzelt, dann in immer mächtigeren Scharen in das schutzlose Land. Und ein germanisches Frauengrab des 5. Jahrhunderts in der Nähe von Gotingun (Götting) mit so typisch osteuropäisch geformten Schmuckbeigaben wie der "Göttinger Silberfibel" belegt die Invasion südrussischer Gotenstämme bis ins Mangfalltal.

Um das Jahr 500 schien somit die alte römische Provinz im Strudel der Völkerwanderung versunken und verloren. Doch kaum dreißig Jahre später war das Territorium fest in der Hand eines Volksstamms, den die römischen Historiker "Boii" oder "Baibaros" nannten: Bajuwaren. Woher sie kamen, liegt im Dunkel. Die klassische Geschichtsschreibung schloß aus dem Namen, es habe sich um markomannische Stämme aus Böhmen, also "Boahaim" oder "Baiahaim" gehandelt, die im Strom der Völkerwanderung ins Land vor den Alpen verschlagen wurden.

Die aktuelle Forschung bietet hier eine plausiblere These an: Zahlreiche Grabungsfunde ergaben nämlich, daß die römische Militärverwaltung um 450 eine große Zahl westböhmischer Elbgermanen als Söldner rekrutierte - eine kampferprobte, straff organisierte Truppe, die als letzte intakte Einheit den Schutz des rätischen Limes überwachte. Die Anwesenheit dieser böhmischen Verbände beschleunigte offenbar den Zuzug verwandter Stämme, die bei ihren Landsleuten Schutz vor den nachdrängenden slawischen Völkern suchten. Und vermutlich waren es diese gut ausgebildeten westböhmischen Söldner, die nach dem Zusammenbruch der römischen Verwaltung die Geschicke des ihnen anvertrauten Territoriums in eigene Hände nahmen.

Die germanisch-böhmischen Verbände übernahmen im Mangfallraum ein kultiviertes, aber weitgehend verlassenes Land, in dem nur wenige römische Familien zurückgeblieben waren: Ortsnamen wie Irschenberg (Ursinus-Perch), Valley (Vallis), Noderwiechs (Nord-Vicus) und Maxlrain (Maximinus-Rain) bewahren noch das eigentümliche Gemisch aus lateinischen und frühbajuwarischen Sprachresten. Im übrigen bedeutete die böhmische Besiedelung jedoch eine Landnahme, die mit neuen Namensgebungen Hand in Hand ging. Vor allem Ortsbezeichnungen mit der Endung "-ing" spiegeln mit hoher Wahr-

Die Kaiserpfalz

Das Aiblinger Land zur Zeit des Mittelalters

Während die Region östlich des Inns zu Zeiten Tassilos ganz unter herzoglichem Einfluß stand, sympathisierten die Adelssippen an der Mangfall und im Tegernseer Raum frühzeitig mit den Merowingern und ihrem Bistum Freising; eine Nähe, die sich in einer Reihe bedeutender Schenkungen dokumentierte. So stiftete Chunipercht aus der Sippe des fränkischen Heerführers Graman 752 seine Besitzungen bei Paingas (Pang) an die freisingische Kirche von Isen. 765 verschrieb der einflußreiche fränkische Adelige Poapo, dessen Stammsitz in der Innsbrucker Gegend lag, seine Güter bei Wiechs an Freising. Um 780 schenkte Willipato, der Gründer von Wilparting, seine Liegenschaften bei Raubling und Aising an das Bistum. 804 gab im Zuge des Aiblinger Gerichtstags Toto, der Gründer von Totinhusir (Tattenhausen) und Totindorf (Dettendorf) seine Willinger Güter dazu. 813 übergab der Franke Podalunc als Herr über Schloß Maxlrain mehrere Ländereien an die Freisinger Diözese. Und 828 trat als weiteres Mitglied der Graman-Sippe ein gewisser Alphart in Sonnenwiechs und Höhenrain als Stifter auf. All diese Sippen waren eng verschwägert. Und so stellte sich das Mangfalltal bereits zur Herrschaftszeit der Agilolfinger als starke fränkische Bastion dar. Mit einer Ausnahme: den Herzogsgütern.

Im Zentrum dieses herrschaftlichen Territoriums - und damit auch im Zentrum jeder Machtpolitik im bairischen Südosten - lag der Hof von Aibling. Sein steiler Aufschwung deutet erneut auf eine römische Gründung hin. Denn üblicherweise waren es die alten römischen Fiskalgüter, die in unmittelbarer Rechtsnachfolge von den Bajuwaren in Herzogshöfe und dann von den Franken in Königsgüter umgewandelt wurden. Der Begriff für diese Verwaltungssitze lautete seit römischen Tagen "fiscus"; und als "fiscus publicus" erscheint Aibling denn auch in der Freisinger Handschrift; wobei solch ein Hof nicht nur die Burganlage, sondern auch weitläufige Besitzungen umfaßte. Die von Tassilo ans Bistum Chiemsee vergebenen Kirchengüter Willing, Berbling, Mietraching, Högling, Tattenhausen und Jakobsberg umschreiben recht genau das Territorium des Aiblinger Fiskalbezirks - und sie belegen zugleich, wie entscheidend seine Überführung in fränkische Hoheit für Karl den Großen war, um das Land westlich des Inns ganz zur Raison zu bringen.

Die politische Bedeutung Aiblings wurde erneut ersichtlich, als in der Fastenzeit des Jahres 855 Ludwig der Deutsche hier ein Königsgericht einberief, um einen weiteren Streitfall der Freisinger Diözese beizulegen. Diesmal klagte Bischof Anno wegen der Besitzrechte an Weingütern bei Bozen gegen den Trientiner Vogt Odalscalch, wobei Graf Bernhard von Verona als kaiserlicher Schlichter fungierte. Das Verfahren, zu dem beide Parteien mit großen Delegationen angetreten waren, wurde am 17. März zugunsten Freisings beendet. Und es bezeugt nicht nur den Rang des Aiblinger Hofes; es belegt auch dessen repräsentative Eignung, um den Rahmen für einen solchen Gerichtstag abzugeben.

Eine 1563 entstandene Skizze für Philipp Apians Landbeschreibung bietet die erste authentische Darstellung der Burg von Aibling.

Ein besonders glanzvolles Ereignis erlebte die Burg, als 898 Kaiser Arnulf von Kärnten mit seinem Hofstaat hier das Weihnachtsfest beging. - Es war sein letztes. Im Juli 899 wurde er nach einem quälenden Skandal um die eheliche Treue seiner Gattin von einem Schlagfluß niedergeworfen. Die Ärzte allerdings vermuteten ein Attentat mit Gift. So wurde ein gewisser German als Verschwörer angeklagt und durch Enthauptung hingerichtet. Dessen Gefolgsleute flohen in Richtung Italien. Und im Zuge ihrer Flucht griff man in Aibling eine Edelfrau namens Rodburga auf und hängte sie als Mitverschworene.

Dieser Justizmord beendete für Aibling eine Zeit politischen Glanzes. Denn nach Arnulfs Tod am 8. Dezember 899 wurde sein sechsjähriger Sohn Ludwig ("das Kind") zum König erhoben - der letzte Karolinger und ein willenloses Werkzeug im Ränkespiel der wiedererstarkten Stammesherzöge. Es folgte ein Jahrhundert der Konflikte, deren Keim bereits von Arnulf gelegt worden war. Der hatte 892 den Friedensvertrag mit Mähren mutwillig gebrochen und magyarische Reitervölker als vermeintliche Verbündete gewonnen. Die Magyaren waren vorher selbst aus ihren Siedlungen an Don und Dnjepr vertrieben worden und nahmen nunmehr unter ihrem legendären König Arpád von Pannonien Besitz. Nach Arnulfs Tod nutzten sie die Gunst der Stunde. Vorgebliche Gesandte erkundeten das Terrain. Dann brachen die extrem beweglichen und kampferprobten ungarischen Reiter in den Südosten des Reiches ein. Am 4. Juli 907 stellten sich die bayerischen Truppen unter Führung des kaum vierzehnjährigen Ludwig bei Preßburg. Sie erlitten eine vernichtende Niederlage. Und erst 48 Jahre später, am 10. August 955, gelang es dem Sachsenkönig Otto I. in der Schlacht auf dem Lechfeld, die in einer gewaltigen Invasion bis Augsburg vorgepreschten Reiterheere endgültig zu schlagen.

Auch das Mangfalltal wurde von den verheerenden Ungarneinfällen des Jahres 955 überrannt. Allein die "Birg" bei Kleinhöhen-

Mächtige Mauern und wehrhaft enge Fensterluken verleihen Teilen der Aiblinger Burganlage bis heute ihr mittelalterliches Gepräge.

kirchen blieb als eindrucksvolles Denkmal jener Schreckenstage erhalten. Es handelt sich um eine Schutzburg, die in offenbarer Hast über den Steilhängen des Mangfallknies errichtet wurde. Zwei hintereinandergelagerte Wälle verriegelten die Südflanke. Drei weitere Wall- und Grabenlinien sollten den Geländeabfall im Westen verstärken. Rund um das Terrain war zudem ein Ring von Reiterfallen aufgerichtet. Riesige Erdlöcher belegen bis heute, wo das Baumaterial für die 300 Meter breite und 200 Meter lange Bastion entnommen wurde. - Sie blieb unvollendet. Ob nun aber die Gefahr vorüberzog oder ob der Ansturm der Magyaren alle Anstrengungen zunichte machte: darüber gewährt die Fundlage keinen Aufschluß.

Aibling jedenfalls verlor schon im zehnten Jahrhundert an strategischer Bedeutung. Nachdem 891 das Reichskloster Chiemsee an Salzburg gefallen war, ging das Marienpatrozinium der Aiblinger Hofkapelle wie selbstverständlich ebenfalls in salzburgische Verwaltung über. 927 überschrieb Erzbischof Odalbert als neuer Lehensherr die Nutzungsrechte an eine Edelfrau namens Rihni als Pacht auf Lebenszeit. Und dieser latente Zugriff Salzburgs auf die Aiblinger Hofmark schuf eine Machtposition, die ungeachtet aller Wechselfälle bis ins 19. Jahrhundert erhalten blieb.

Die bedeutendste Fiskalbesitzung neben Aibling dürfte damals Högling mit den angrenzenden Gemarkungen der alten Straßendörfer Sonnenwiechs und Noderwiechs gewesen sein: so mußte beim Tausch eines Höglinger Fronhofes ausdrücklich die Genehmigung von Kaiser Ludwig eingeholt werden. Weitere Königsgüter lagen in Götting, in Warngau nahe Holzkirchen und vor allem in Helfendorf, dem alten römischen Isinisca.

Dieses Helfendorf und seine Kirche werden bereits in einer Urkunde von 772 erwähnt. Laut Überlieferung war nämlich hier St. Emmeram grausam gemartert worden. Historisch ist von diesem Vorfall wenig mehr gesichert, als daß zwischen 650 und 700 ein aus Frankreich kommender Missionsbischof in Bayern zu Tode kam. Jedoch die Ausschmückung beweist politisches Kalkül: Nach der Legende nämlich war dieser Emme-

Im Kreuzgang des Augustiner-Chorherrenstiftes von Beyharting verschmelzen Kunstformen der Romanik, Gotik und Renaissance.

ram ein gallisch-fränkischer Priester, der durch Bayernherzog Theodo zum Bischof von Regensburg erhoben wurde. Dort beichtete ihm die Herzogstochter Uta ihren Fehltritt mit einem Ritter des Hofes. Emmeram, der ohnehin eine Pilgerschaft nach Rom antreten wollte, nahm die fatale Vaterschaft auf sich, um Utas Ritter zu beschützen; worauf Lantpert, der Sohn des Bayernherzogs, die Verfolgung des vermeintlichen Verführers aufnahm. Er stellte ihn in einer Herberge bei Helfendorf (die Lokalisierung der Legende ist ein wichtiger Beleg für das Bestehen der Nord-Süd-Verbindung Castra Regina-Isinisca bis in karolingische Zeit). Man band den Bischof auf eine Leiter, blendete ihn und hieb ihm Hände und Füße ab. Der Leichnam des Gemarterten begann jedoch bald in verklärtem Licht zu leuchten, so daß Emmerams Unschuld offenkundig wurde. Man überführte ihn zur herzoglichen Burg nach Aschheim. Und ein vierzigtägiger Regen ließ die Isar so mächtig über die Ufer treten, daß das Schiff mit dem Leichnam des Heiligen statt nach Deggendorf direkt nach Regensburg geleitet wurde. Dort wurde St. Emmeram in allen Ehren beigesetzt und eine Kirche über seinem Grab errichtet.

So makaber die Legende auch aus heutiger Sicht erscheinen mag - sie hatte für die fränkische Partei eine gewichtige Funktion: Denn sie bezichtigte das bayerische Herzogshaus des Mordes an einem gallischen Kleriker. Vor allem aber wurde die Bedeutung der Helfendorfer Königsmark durch den Emmeramskult und die damit verbundene Wallfahrt wesentlich gesteigert. Helfendorf war schließlich neben Aibling das wichtigste Machtzentrum im neu gestifteten Sundergau und verfügte über weitläufige "forestes", also lehensfreie Bezirke, die allein dem König unterstanden. Erst mit Ende der Karolingerherrschaft verlor auch dieser Stützpunkt seine Bedeutung und fiel - als handfestes Pfand der Heiligenlegende - an das Emmeramskloster in Regensburg.

Überschaut man rückblickend die alten herzoglichen Fiskalgüter, so erstreckten sie sich als ein fast geschlossenes Band vom Inn über Tattenhausen, Aibling, Högling, Götting und Hel-

Siboto IV. von Falkenstein und seine Familie in einer Miniatur des "Codex Falkensteinensis"

fendorf bis weit in den Holzkirchner Raum: ein mächtiger Sperriegel zwischen den Adelsmarken. Zwar ging dieser im Südosten Bayerns einzigartige Besitz bereits zu Zeiten Tassilos in die Gewalt der Franken über. Doch nach dem Zusammenbruch der Karolingerherrschaft wurden er von neuem zur gewichtigen Manövriermasse im diplomatischen Kräftespiel. So überschrieb Herzog Arnulf der Böse große Teile des Freisinger Nutzungsrechts an Kloster Tegernsee: eine demonstrative Belohnung für politisches Wohlverhalten. Doch als Arnulf bald darauf vor der Notwendigkeit stand, seine Vasallen im Kampf gegen Eberhard von Franken zu entlohnen, fielen die gerade erst verteilten Liegenschaften prompt erneut dem schwankenden politischen Kalkül zum Opfer.

Diese Spannung zwischen kaiserlicher und herzoglicher Gewalt, zwischen Adelsinteressen und kirchlichem Einfluß bestimmte - oftmals schwer durchschaubar - die Geschichte des Mangfalltals im ganzen Mittelalter. So gründete der letzte Sachsenkaiser, Heinrich II., im Jahr 1007 nahe der fränkischen Stammburg der Babenberger das Erzbistum Bamberg und stattete es großzügig mit Ländereien aus. Im Zuge dieser Schenkung ging auch das Aiblinger Fiskalland in die Obhut des Bamberger Hochstifts über; Bamberg wiederum vergab die frisch erworbenen Besitzungen an seine Sulzbacher Vögte. Wir besitzen keine unmittelbaren Dokumente über diesen Vorgang; doch in einer Urkunde von 1080 erscheint unter den Sulzbacher Herren auch ein Graf Berengar "de Eiplinga". Und 1174 überschrieb der Bamberger Bischof neben anderen Lehensgütern des Sulzbacher Grafen Gebhard auch Besitzungen in "Eyvelinge" an Kaiser Heinrich I. Von diesem Gebhard wieder hatte Siboto von Neuburg-Falkenstein die "advocatia ad Aibelingen", also die Vogtei samt ihren Bauerngütern als sogenanntes Afterlehen, dessen Gültigkeit durch Friedrich Barbarossa selbst bekräftigt wurde.

Diese mittelbare Lehensherrschaft über Bambergs Kirchengüter machte die Falkensteiner zu mächtigen Herren einer Region vom Chiemsee bis zum Tegernsee. Genaue Auskunft darüber gewährt der Codex Falkensteinensis: jene Handschrift, die als eines der bedeutendsten Dokumente des bayerischen Mittelalters im Auftrag Sibotos III. und IV. zwischen 1130 und 1190 in Neuburg bei Vagen im Mangfalltal entstand.

Es handelt sich um eine Art Testament - eine exakte Auflistung aller Besitzungen und Erträge. Und an erster Stelle sind darin die Abgaben benannt, welche die Vogtei Aibling im Fall eines gräflichen Besuches zu erbringen hatte. Ein Urbar von 1230 weist überdies Einnahmen aus rund 50 Orten an das "Ampt ze Eibelingen" aus - ein Territorium, das sich von Pfraundorf und Tattenhausen über Noderwiechs und Götting bis zum Irschenberg erstreckte. Das alte karolingische Fiskalgut war mithin weitgehend in den Falkensteinischen Vogteibereich des Amtes Aibling überführt. Nur die durch Hermann von Kastl neu gerodeten Gebiete an der Leitzach fielen mit der zweiten Ehe seiner Witwe Haziga an Scheyern. Und als Nachbarn im Westen hatten sich die Grafen von Valley erheblichen Besitz erworben.

Dieser Territorialaufteilung machten bald darauf die Wittelsbacher ein Ende. Das Scheyerner Adelsgeschlecht war 1180 an die Herzogsmacht gelangt, als Friedrich Barbarossa - der ewigen Händel zwischen Babenbergern und Welfen müde - Heinrich den Löwen absetzte und an seiner Stelle Pfalzgraf Otto von Wittelsbach zum Herrscher über Bayern machte. Als Grafen von Scheyern zeigten die Wittelsbacher nun auch im Mangfalltal nachdrücklich ihre neue Macht. Darauf verbündete sich Siboto VI. von Falkenstein mit Konrad von Wasserburg und stellte sich offen gegen Otto II. Er fiel am 6. 10. 1244 im Kampf; sein Bruder wurde in Haft genommen. Das gesamte Falkensteiner Territorium ging an die Wittelsbacher über - eine Regelung, die 1252 durch das Bistum Bamberg bestätigt wurde.

Mit dieser gewaltsamen Rückführung des Fiskalbezirks in bayerische Herzogsmacht gewann der Hof von Aibling wieder an Bedeutung: Spätestens seit 1244 ist das Marktrecht für den Ort bezeugt. Am 6. April 1260 berief Herzog Ludwig der Strenge einen Gerichtstag ein, um einen Streit zwischen dem Bistum Salzburg und Graf Albert von Görz und Tirol zu schlichten: Einmal mehr war Aibling Schauplatz eines mit Gepränge vorgeführten Staatszeremoniells. Und die Wiedereinsetzung als Gerichtsort blieb von Dauer: Auch 1270 und 1271 hielt Ludwig der Strenge hier Hof. Ab 1293 ist Friedrich von Pienzenau, ab 1312 Chunrat von Maxlrain als Richter genannt - eine Reihe, die sich nunmehr bis ins 17. Jahrhundert bruchlos fortsetzt. 1321 verlieh Kaiser Ludwig der Bayer seinen "getreuen Burgern im Markt Aibling" überdies "die Gnad, daß sye all die Recht haben sollen, die die Stadt München hat". Und ab 1351 ist von einer "Pflege Aibling" die Rede. Das heißt: die gesamte Regionalverwaltung war erneut auf Aibling übergegangen.

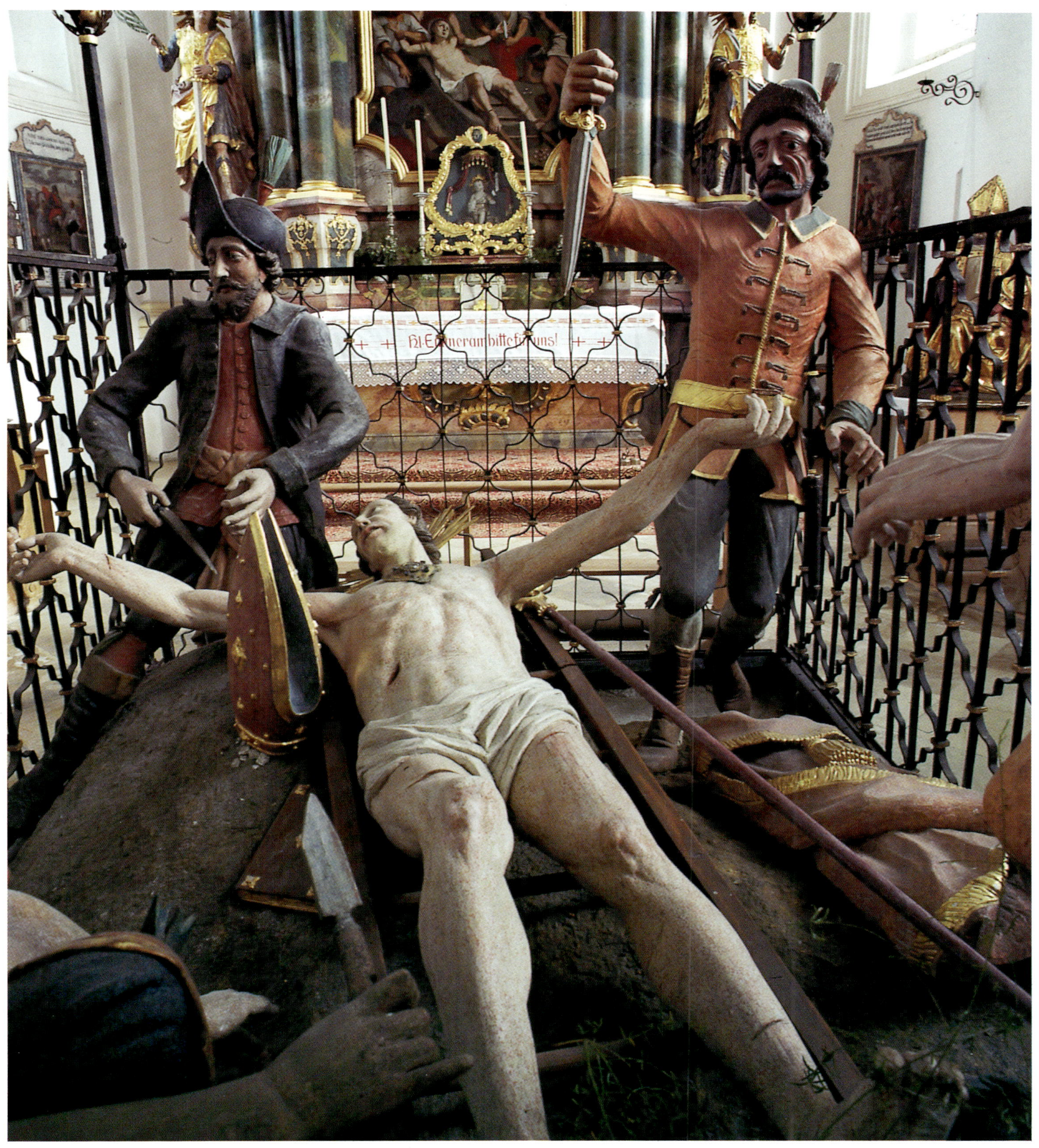

Das Martyrium des fränkischen Bischofs Emmeram zeigt diese realistisch derbe Figurengruppe in der Marterkapelle von Kleinhelfendorf.

Martin Luther und die Folgen

Reformation und Schwedenzeit

Die Verwaltung des Aiblinger Pfleggerichts blieb eine einträgliche Stelle. So überließ Herzog Stephan 1356 dieses Amt keinem Geringeren als seinem ältesten Sohn Friedrich. Erst im 15. Jahrhundert ging die Rechtspflege allmählich in die Hände ausgebildeter Juristen über. Und als 1464 erneut ein Mann des Adels, Wilhelm von Maxlrain, die Pflegschaft übernahm, wirkte an seiner Seite mit Erasmus Dieperskircher ein Verwaltungsspezialist, der seine Karriere als Stadtvogt in Augsburg und Jurist am Münchner Hofgericht begonnen hatte.

Auch in der strategischen Funktion der Festung Aibling bahnte sich ein Wandel an. Der Burgberg war bis in die 1480er-Jahre durch Erdwälle und Palisaden gesichert. Und die Klöster Tegernsee, Scheyern, Fürstenfeld und Beyharting teilten sich in die Aufgabe, diese Wehranlagen durch Zulieferung von Holz instand zu halten. Mit Erfindung des Schießpulvers verlor die althergebrachte Art der Fortifikation nun jeden Sinn. So kauften sich die Klöster von ihrer Verpflichtung frei, und Aiblings Burg erhielt mit Mauern und Flankierungstürmen jene Gestalt, wie sie eine Zeichnung Philipp Apians von 1563 noch bewahrt.

Wolf von Maxlrain, der erste Förderer der Reformation in Oberbayern, auf einem Ahnenbild von 1546 (Privatbesitz)

Die neue Zeit begann mit einem Fanal: Um 1498 verwüstete ein Feuer den gesamten Markt. Fünf Jahre später gingen als Folge des Landshuter Erbfolgekrieges die frisch aufgebauten Häuser erneut in Flammen auf. Die Gemeinde lag zudem in einem absurden Kleinkrieg mit den Willinger Bauern und der Adelsfamilie Auer auf Schloß Pullach wegen ungeklärter Holz- und Siedlungsrechte - ein Konflikt, der sich 200 Jahre hinzog. So entstand ein Klima der Not und politischen Verbitterung, das für revolutionäre Gedanken empfänglich machte.

Dennoch fanden Luthers Ideen einer Reformation des Glaubens im Mangfalltal zunächst kaum Widerhall. Im Gegenteil: 1535 wurde in Aibling eine Landstörzerin aufgegriffen, der Wiedertäuferei bezichtigt und zum Wassertod verurteilt (erst als sie die Tortur wie durch ein Wunder überstand, ließ man von der Beklagenswerten ab). So war es ausgerechnet die Elite, die sich als erste für die neuen Lehren begeisterte. Sogar die Bayernherzöge Wilhelm IV. und Ludwig X. sympathisierten mit Luther, ehe sie sich nach dem Wormser Reichstag 1522 gegen ihn erklärten. Und in der Region um Aibling schlug sich Wolf von Maxlrain, der einflußreiche Herr der Reichsgrafschaft Hohenwaldeck, heimlich auf die Seite des Reformators.

Vor allem aber begeisterten sich viele Vertreter der Geistlichkeit an Luthers Ideen. Das Dekanat Aibling umfaßte damals ein Territorium, das im Norden bis Aying und Hochstätt reichte, den Schliersee ebenso einschloß wie Flintsbach und Kiefersfelden, und das im Tirolischen bis in die Region von Wörgl ragte. Dieses riesige Gebiet mit einer Ausdehnung von siebzig Kilometern wurde im 16. Jahrhundert zeitweise in Irschenberg verwaltet. Und mit Leonhard Hagen trat dort 1550 ein Mann das Dekanatsamt an, der sich seit zwanzig Jahren aktiv zu Luther bekannte. Wohl durch seinen Einfluß erhielt 1555 mit Abraham Preu ein Lutheraner die Pfarrei von Berbling. Auch die Pfarrer von Au und Götting neigten dem Protestantismus zu. Seit 1542 mit Pankraz von Freyberg ein überzeugter Lutheraner Pfleger in Aibling geworden war, erhielt die Bewegung überdies politischen Elan. Und breiten Aufschwung nahm der Protestantismus, als Herzog Albrecht V. im Gefolge des Passauer Vertrags von 1552 neue Freiheiten der Religionsausübung gewähren mußte.

Eine Schlüsselrolle fiel hier Wolf Dietrich zu, dem Sohn und Erben Wolfs von Maxlrain. Dieser hatte zunächst die Laufbahn eines katholischen Klerikers eingeschlagen. Aber dann entschloß er sich zu einer weltlichen Karriere, wurde Hauptmann von Burghausen und trat dort mit seiner Familie dem Protestantismus bei. Auch sein Vater machte nun aus seiner Überzeugung kein Hehl mehr. Allerdings war er nicht strenger Lutheraner, sondern hing der Kelchbewegung an - einem Kompromiß zwischen altem und neuem Glauben, der den Katholizismus zwar bewahren, aber durch die Gedanken Luthers reformieren wollte (äußeres Erkennungszeichen der Bewegung war es, das Abendmahl in beiderlei Gestalt als Brot und Wein zu nehmen).

Herzog Albrecht war sich der Notwendigkeit einer Reform nicht minder bewußt; jedoch er hoffte, sie durch eine Selbstreinigung der Amtskirche zu erzwingen. Doch die meisten Kirchengemeinden bekannten sich längst zumindest zur Kelchbewegung. So wurde in Au und Irschenberg, Götting und Vagen, Kirchdorf und Höhenrain, Högling und Willing und vereinzelt auch in Aibling die Kommunion in beiderlei Gestalt genommen. Und im Heufeld unterhielten die Maxlrainer sogar eine Sonntagsschule, die Luthers Lehren verbreitete.

Albrecht, immer stärker im Dilemma zwischen römischer Kurie und protestantisch dominierten Landständen, rang verzweifelt um Aufschub. Einerseits riskierte er Pressionen gegen abtrünnige Geistliche; andererseits versuchte er in hektischen Verhandlungen, die Kirche wenigstens in der Kelchfrage zum Einlenken zu bewegen. Vergebens. Eine tiefgreifende Zerrüttung der religiösen und staatlichen Einheit war nicht länger zu verleugnen. So suchte Albrecht unter Vermittlung des Salzburger Erzbischofs ein Stillhalteabkommen mit den Maxlrainern, das am 28. Juli 1559 unterzeichnet wurde und Signalwirkung für den gesamten bayerischen Adel hatte: ein Moratorium, das sich den Ausgang des Konzils von Trient als Zielpunkt setzte und bis dahin wenigstens den status quo erhalten sollte.

Aber dieser status quo geriet ins Wanken, als der greise Wolf von Maxlrain verstarb und Wolf Dietrich sein Erbe antrat. So standen sich beim Ingolstädter Landtag 1563 drei Fronten unvereinbar gegenüber: Einerseits der katholische Klerus. Andererseits die Befürworter der von Albrecht eingeschlagenen Kompromißlinie. Und schließlich eine radikale Adelsgruppe um Wolf Dietrich von Maxlrain, den ehemaligen Aiblinger Pfleger Pankraz von Freyberg und Graf Joachim von Ortenburg - eine Gruppe, welche die kompromißlose Verwirklichung der Augsburger Konfession und damit volle Religionsfreiheit verlangte.

In dieser Lage kamen die Beschlüsse aus Trient für Albrecht wie eine Erlösung. Papst und Kurie hatten klar Stellung bezogen und eine militante Abwehr des Protestantismus eingefordert. Ein unseliger Affront Graf Joachims von Ortenburg tat noch ein übriges. Der hatte nämlich das vereinbarte Moratorium schlicht ignoriert, in seinen Territorien den Protestantismus eingeführt und Wolf Dietrich von Maxlrain veranlaßt, es ihm gleichzutun.

So nahm der Glaubens-Gegensatz den Anschein eines Staatsstreichs an. Am Neujahrstag 1564 ließ Albrecht Schloß Ortenburg besetzen, beschlagnahmte alle Korrespondenzen und setzte einen Rechtstermin in München an. Die Verhandlung, die von Juni bis November dauerte, war von Anfang an als Schauprozeß, als Mittel zur Einschüchterung des renitenten Adels angelegt. Sie endete zwar mit der Freilassung aller Beklagten. Doch die Freisprüche waren geknüpft an rigide Unterlassungsgebote. Den Beschuldigten wurde jedwede öffentliche Ausübung des neuen Glaubens untersagt.

Die Reformation in Bayern war gescheitert. Und obwohl sich Wolf Dietrich bis zuletzt den Weisungen von Herzog Albrecht widersetzte: seine Untertanen konnte er nicht länger vor der Staatsmacht schützen. Es hagelte Exkommunikationen, Handelsverbote, Verhaftungen und andere Sanktionen. Aiblings neuer Pfleger Hans Kaspar von Pienzenau, ein Mann des Ausgleichs, war gezwungen, selbst die Strafmaßnahmen gegen Abweichler zu überwachen. Zudem grassierte 1564 die Pest im Mangfalltal; man war des geistlichen Beistands nun weit mehr bedürftig als der geistlichen Debatten. Und als Albrecht 1579 starb, kam mit Wilhelm V. ein Jesuitenzögling an die Macht, der sich als willfähriges Werkzeug seiner Lehrer erwies. Den letzten Lutheranern blieb nur mehr die bittere Wahl, zum Katholizismus zurückzukehren oder in die evangelischen Regionen Deutschlands auszuwandern. Zwar wurde 1608 mit Georg von Maxlrain erneut ein Protestant Reichsgraf von Hohenwaldeck. Aber Georg stand loyal zum Herzogshaus. Er behielt sich die Freiheit seines privaten Glaubens vor. Doch er machte sie niemals zur Richtschnur des politischen Handelns.

Das Unheil eines großen Glaubenskrieges aber war damit nicht ausgestanden. Die Auseinandersetzung zwischen protestantischer Union und katholischer Liga eskalierte und mündete in eine internationale Katastrophe, die als Dreißigjähriger Krieg in die Geschichte einging. Der Konflikt betraf das Land an der Mangfall zunächst in Gestalt neuer Abgaben: So mußte der Markt Aibling am 4. November 1623 dem frisch gekürten Kurfürsten Maximilian I. Kriegsanleihen in Höhe von 3000 Gulden übereignen. Eine erste Gruppe von Bürgern wurde 1626 zum Wehrdienst eingezogen. Weitere Rekrutierungen folgten. Und daß Maximilian der alten Wallfahrt Tuntenhausen 1627 durch einen prächtigen Kirchenneubau Aufschwung gab, erbrachte für die Wohlfahrt der Region nur wenig.

Denn auch der Krieg selbst rückte näher. 1632 drangen schwedische Einheiten marodierend und plündernd ins Mangfalltal vor. 1633 versuchte ein weiterer Trupp über den Inn zu gelan-

Das Grabenschusterhaus am Aiblinger Hofberg - laut Legende ein letzter Zufluchtsort beim schwedischen Massaker von 1648

Symbole zweier Glaubenswelten - eine gotische Martersäule und der barocke Turm der Aiblinger Pfarrkirche Mariae Himmelfahrt

Der Aiblinger Pfleger Wilhelm von Prant errichtete um das Jahr 1560 das Renaissanceschlößchen Prantseck am Hofberg.

gen, wurde zurückgedrängt und hielt sich durch Requirierung schadlos. Die kaiserlichen Truppen hausten überdies genauso unbedenklich wie die Invasoren. Und bald wußte die Bevölkerung sich keinen Rat mehr, als gewaltsam zurückzuholen, was ihr von den Armeen beider Lager abgenommen worden war. So sah sich Georg von Maxlrain im Juli 1632 genötigt, den Kommandanten der kurfürstlichen Truppen herauszuhauen, den Feldkirchner Bauern überfallen, ausgeplündert und beinahe gelyncht hatten. Nur unter protestantisch-gräflichem Geleitschutz konnte der Katholik den Weg zu seinem Standort Wasserburg fortsetzen.

Und die Unbilden rissen nicht ab. Im Dezember 1633 requirierten wallonische und Kronbergische Einheiten Schloß und Markt Aibling als Winterlager. Im Frühjahr folgten spanische Hilfstruppen, die innabwärts in Richtung Niederlande zogen. Die Furcht vor Einquartierungen führte am Ende gar zum Wasserburger Aufstand, einer Volkserhebung von rund 20 000 Inn- und Mangfalltaler Bauern, die sich nahe Beyharting in vereinzelten Scharmützeln entlud und leicht zum Flächenbrand hätte werden können, hätte Maximilian nicht einerseits die Massen beruhigt und andererseits die Rädelsführer hingerichtet.

Aber es kam noch schlimmer. Mit den fremden Söldnern war erneut die Pest ins Mangfalltal gedrungen. Fast ein Drittel der Einwohner fiel ihr zum Opfer. Die berüchtigte Regen- und Kälteperiode jener Jahre, die als "kleine Eiszeit" in die Annalen der Klimaforschung einging, führte überdies zu Mißernten und Überschwemmungen. Und im Juni 1640 löste die verzweifelte Lage schließlich bürgerkriegsähnliche Zustände zwischen den Gemeinden selbst aus.

Ein besonders grotesker Vorfall dokumentiert die Situation. Nach einem Hochwasser der Mangfall hatten die Willinger Bauern Schutzwehre errichtet, die nun allerdings den Flußlauf so veränderten, daß sich plötzlich die Aiblinger von den Fluten bedroht sahen. Der Rat des Marktes setzte eine Generalmobilmachung durch, worauf am 10. Juni 1640 ein zusammengewürfelter Haufe, darunter Greise, Frauen und Kinder, mit Hellebarden, Spießen und Keulen bewaffnet nach Willing zog und alle Schutzwehre zerstörte; mit der Folge, daß die nunmehr ungedämmte Mangfall sämtliche Brücken und Stege mit sich fortriß.

Ansonsten hatte sich die militärische Lage - abgesehen von ein paar Zwischenfällen mit versprengten Schweden - weitgehend entspannt. Doch im Sommer 1648 brach die Katastrophe über Aibling herein. Nach gescheiterten Verhandlungen um einen Separatfrieden kündigte Kurfürst Max I. den schon bestehenden Waffenstillstand und schlug sich erneut zur kaiserlichen Partei. Darauf überquerten schwedische und französische Verbände in einer vehementen Attacke die Isar und lösten eine Massenflucht der Landbevölkerung in Richtung Inn aus. Die feindlichen Truppen rückten nach und hinterließen eine Schneise der Verwüstung. Zu allem Unglück hatten seit dem 11. Juni wieder sintflutartige Regenfälle eingesetzt, die den Inn in einen reißenden Strom ver-

Auch nach Ende des Dreißigjährigen Krieges wurden Burg und Markt von Aibling immer wieder zum Quartier und Standort fremder Truppen. Dieses Stadtgemälde zeigt vermutlich die Besetzung durch Panduren im Februar 1741 (Kunstbesitz der Stadt Bad Aibling).

wandelten. Der Kurfürst nutzte die Lage und ließ alle Innbrücken zerstören oder sperren, um ein Vordringen des Feindes nach Salzburg und Wien zu verhindern. Doch damit gab es zugleich für die Flüchtenden kein Durchkommen in Richtung Chiemgau mehr. So sammelten sich im befestigten Aibling große Gruppen von Vertriebenen. Der Magistrat traf unverzüglich Verteidigungsmaßnahmen. Marktkasse und Ratsdokumente wurden nach Kufstein in Sicherheit gebracht. Der Turm der Pfarrkirche war als Beobachtungsposten ständig besetzt.

Das Drama kündigte sich am 2. Juli an: der Aiblinger Bürgermeister Georg Doll unternahm einen Kontrollritt und wurde von Scharfschützen des schwedischen Vorauskommandos tödlich getroffen. Die nachrückende Hauptmacht allerdings zog kampflos vorüber und versuchte, bei Rosenheim eine Schiffsbrücke über den Inn zu schlagen. Aber der reißende Fluß machte alle Anstrengungen zunichte. So wandte sich die schwedische Armee nach Norden, um durch eine Kanonade die Freigabe der Wasserburger Innbrücke zu erzwingen.

Die Gefahr für Aibling schien damit gebannt. Doch noch hatte ein Kontingent der schwedischen Nachhut seine Zelte auf dem Westerfeld bei Mietraching aufgeschlagen. Durch die Verstärkung aus der Region ermutigt, beschlossen Aiblings Gebirgsschützen, dieses schwach verteidigte Lager anzugreifen und so auch die letzten Schweden zu verjagen.

Zunächst schien der Ausfall erfolgreich. Der feindliche Kommandant und mehrere Soldaten kamen ums Leben. Aber dann setzte sich die überlegene Kriegskunst der Schweden durch. Die Aiblinger mußten sich unter schrecklichen Verlusten zurückziehen und verschanzten sich auf dem Friedhof rund um die Pfarrkirche. Doch die Verfolger überrannten auch diese letzte Bastion und richteten ein unvorstellbares Blutbad an. Nur zwei Männer, die sich im Kamin eines nahen Schusterhauses verkrochen hatten, entkamen dem Massaker. Die Schweden plünderten indessen den Ort und zogen dem Hauptheer nach.

Es war ihr letzter Triumph. Die große Offensive scheiterte am Hochwasser des Inns. Drei Monate später wurde der Westfälische Friede ausgerufen.

Die Zeit des Elends

Vom Dreißigjährigen Krieg bis Napoleon

Das Inferno des Jahres 1648 besiegelte Aiblings Schicksal. Das vormals stolze Macht- und Verwaltungszentrum sank für zwei Jahrhunderte herab zur wirtschaftlichen Bedeutungslosigkeit. Die Leiden der Bevölkerung aber waren damit nicht vorüber. Denn schon eine Generation später bahnte sich die nächste Katastrophe an: der Spanische Erbfolgekrieg mit Österreich. Im Juni 1703 unternahm Kurfürst Max Emanuels Armee einen Blitzvorstoß durch das Mangfalltal in Richtung Tirol - und wurde zurückgeworfen. Dieser Fehlschlag aber verschaffte der Gegenpartei mit Prinz Eugen und dem Herzog von Marlborough Gelegenheit, ihre Armeen bei Höchstädt an der Donau zu vereinen. Die Niederlage, die Marlboroughs Reiterei dem Blauen Kurfürsten 1704 beibrachte, bedeutete das Ende: Bayern geriet unter österreichische Besatzung.

Das schien zunächst kein Schade: Max Emanuel war nie besonders populär. Das neue Regime jedoch verhielt sich so unmenschlich, daß die Stimmung in der Bevölkerung umschlug. Der gestürzte Kurfürst wurde plötzlich zur Symbolfigur des Widerstandes. Eine bäuerliche Untergrundbewegung begann sich zu formieren: allein aus dem Landgericht Aibling schlossen sich gut tausend Männer dem Geheimbund an, der in der Weihnachtsnacht des Jahres 1705 versuchte, die besetzte Münchner Residenz zu stürmen. Doch Verrat vereitelte den Plan. Die Bauernarmee wurde fast vollständig aufgerieben. Auch von den Mangfalltalern kehrte nur eine Handvoll zu ihren Familien zurück.

Die Österreicher nahmen indes Rache. Aibling wurde mit einer Besatzung belegt und zu 4 000 Gulden Buße verurteilt. Die ausgeplünderten Bürger mußten überdies auf eigene Kosten den Westflügel des Schlosses um einen Kasernentrakt erweitern. Das kalte, regnerische Klima tat ein übriges: Fast ein Jahrzehnt lang herrschte Hungersnot. Und als 1714 der Krieg zu Ende ging und die Kaiserlichen die Aiblinger Garnisonen räumten, brachte die Rückkehr der Wittelsbacher alles andere als eine Verbesserung. Denn trotz immenser Staatsverschuldung galt Max Emanuels Interesse vor allem seinen Schlössern und einer aufwendigen Hofhaltung nach französischem Vorbild. Seine Ausgaben betrugen das Doppelte der Einnahmen. Und als der Blaue Kurfürst 1726 starb, hinterließ er einen Schuldenberg von 26 Millionen Gulden. Die Bevölkerung hatte so kaum eine Chance, das öffentliche Desaster durch privaten Einsatz wettzumachen. Aibling wurde zudem durch besonders bittere Schicksalsschläge heimgesucht: Drei verheerende Stadtbrände in den Jahren 1730, 1747 und 1765 vereitelten nachhaltig jede Chance zum Aufschwung.

So florierte zunächst nur eine Branche: die Bauwirtschaft. Doch sie tat dies nicht allein im Dienst des Wiederaufbaus. Denn in ebendiesen Krisenjahren ermöglichte das Kapital der Kirche ein erstaunliches Kunst- und Wirtschaftswunder: den oberbayerischen Barock.

Eine der markantesten Aiblinger Bauaufgaben war allerdings weltlicher Natur. Um 1740 nämlich brach in Bayern erneut ein politischer Konflikt aus: Nach dem Tod Kaiser Karls VI. hatte der Wittelsbacher Karl Albrecht das Reichsvikariat übernommen und bestritt den Anspruch von Karls Tochter Maria Theresia auf den Thron. Bayerische Truppen marschierten in Österreich ein: ein weiterer Erbfolgekrieg begann. Im Zuge dieses imperialen Abenteuers wurde auch die Straßenverbindung München-Kufstein ausgebaut. Zugleich schleifte man die strategisch überholten Aiblinger Wehranlagen und verwandelte die Burg in einen befestigten Verwaltungssitz: das Aiblinger Landgericht erwies einmal mehr seine Schlüsselstellung im bayerisch-österreichischen Kräftespiel.

Das unsinnige Kriegsgeplänkel aber rächte sich prompt. Am 16. Februar 1741 marschierten österreichisch-ungarische Panduren in Aibling ein; eine Zwangsabgabe folgte der nächsten, immer

1701 schuf der Kupferstecher Michael Wening in seiner bayerischen "Land-Beschreibung" das wohl beste Bild der Hofmark Aibling.

neue Kontingente wechselten einander in der Plünderung des Marktes ab. 1743 ließen die Österreicher am Aiblinger Windschlag sogar 1500 Eichen fällen und nach Rosenheim transportieren, von wo aus sie über Inn und Donau nach Wien geflößt wurden. Erst 1745 fand die Besatzung ihr Ende. Und wieder stand die Region vor dem Nichts.

Dennoch wurde sogleich der Um- und Aufbau zahlreicher Gotteshäuser erneut in Angriff genommen. Und die kirchliche Bautätigkeit brachte tatsächlich eine Wende für die krisengeschüttelte Region. Nur wenige Jahrzehnte früher war das Handwerk so am Boden gelegen, daß begabte Architekten wie die Brüder Dientzenhofer emigrieren und ihr Heil in Franken oder Böhmen suchen mußten. Nun konnten sich Baumeister wie die Hausstätter aus Feilnbach vor Aufträgen kaum retten.

Das Ende des Erbfolgekrieges bedeutete aber auch in politischer Hinsicht eine Wende. Der neue Kurfürst Max III. Joseph verzichtete auf alle militärischen Abenteuer. Stattdessen widmete er sich einer längst überfälligen Gesetzesreform. Selbst die unselige Hexenverfolgung, der neben zahllosen anderen Opfern auch die Schwiegermutter des Aiblinger Pflegers Heinrich Schrenkh anheimgefallen war, fand unter Max Josephs juristischem Elan ein Ende. Das wirtschaftliche Schicksal Bayerns und besonders der Region am Alpenrand blieb dennoch wechselhaft. So verursachte 1772 eine Mißernte im Mangfalltal eine erneute Hungerkatastrophe mit dem Ausbruch von Seuchen als verheerender Begleiterscheinung.

Der Sturm der Französischen Revolution schien an Aibling zunächst vorbeizuziehen. Aber schließlich machte sich der Konflikt zwischen Frankreich und der österreichisch-preußischen Koalition auch hier bemerkbar: Wieder einmal zogen Truppen durch den Markt. Wieder mußten Quartiere, Pferde und Verpflegungen gestellt werden. Zunächst hielt sich der Schaden in Grenzen. Doch nach mehrfach wechselndem Kriegsglück standen im September 1796 General Moreaus französische Truppen vor München. Und durch Kurfürst Karl Theodors unseliges Taktieren zwischen den Mächten biwakierten kurz hintereinander kroatische, niederländische, österreichische, bayerische und schließlich französische Verbände in Aibling. Besonders die Niederländer sorgten dabei für böses Blut: denn die vom kommandierenden Obristen freizügig vergebenen Heiratslizenzen führten zu zahlreichen Übergriffen auf die weibliche Bevölkerung.

Am 16. Februar 1799 starb Karl Theodor und hinterließ seinem Nachfolger Max IV. Joseph eine fast unlösbare Aufgabe. Die Staatsverschuldung hatte eine neue Rekordhöhe erreicht. Die linksrheinischen Gebiete Bayerns waren an Frankreich verloren. Die Österreicher standen mit einer Armee von 100 000 Mann im Land. Doch der in Frankreich ausgebildete Kurfürst und sein Berater Maximilian von Montgelas hatten sich gründlich vorbereitet. Trotz bestehender Bündnispflichten gegenüber Österreich traten sie sofort in Geheimverhandlungen mit Frankreich ein. Die Umstände verhinderten zunächst den Friedensschluß: Moreaus Truppen besetzten am 28. Juli 1800 München. Zugleich verschlechterten sich Bayerns Beziehungen zu Österreich; doch ohne daß Max Joseph seine Truppen aus der Koalition abziehen konnte.

Die Franzosen suchten daraufhin die militärische Entscheidung. Und so wurde Aibling neuerlich für ein paar Tage zu einem Angelpunkt der europäischen Politik. Denn nachdem französische Verbände am 30. November 1800 Rosenheim besetzt hatten, um die strategisch wichtige Innbrücke zu sichern, kam es am 3. Dezember in Hohenlinden nahe Ebersberg zur Entscheidungsschlacht gegen die Österreicher und ihre bayerischen Verbündeten. Erzherzog Johann befehligte die vereinten Truppen. Er wurde vernichtend geschlagen. Der Weg nach Wien stand für die Franzosen offen.

Moreau beorderte daraufhin seine Generäle Richepanse, Grouchy und Decaèn unverzüglich nach Aibling, während General Lecourbe die Innbrücke bei Neubeuern schützen sollte. Am 6. Dezember waren drei französische Divisionen in der Aiblinger Garnison zusammengezogen. Zwei Tage später traf Moreau selbst ein und bezog das Landgericht als Kommandantur. Das nachbarliche Schloß Prantseck, das von den Österreichern zum Lazarett ausgebaut worden war, diente zur Erstversorgung der Verwundeten aus der Hohenlindener Bataille.

Der strategische Vorteil, den Moreau hier errang, entschied den Krieg. Am 9. Februar 1801 unterzeichneten Frankreich und Österreich den Frieden von Lunéville. Die Bahn war endlich frei für Max Joseph und Graf Montgelas. Bayern beschritt seinen Weg zum Königreich und zum modernen Staat.

Eine der ersten politischen Entscheidungen war ein Toleranzedikt, das den Protestanten in ganz Bayern Religionsfreiheit gewährte. Zugleich begann Montgelas mit der Sanierung der Staatsfinanzen - eine Maßnahme, die als "Säkularisation" in die Geschichte einging. Die Aufhebung zahlreicher Klöster gilt heute als ein Akt der kulturellen Barbarei. Doch zunächst vollzog Bayern damit nur eine Strukturreform, welche die meisten anderen Staaten längst hinter sich hatten. Immerhin: allein 56 % der Bauernhöfe befanden sich damals noch in kirchlichem Besitz. Und zur Rettung der völlig desolaten Volkswirtschaft blieb Max Joseph kaum ein anderer Weg, als die bereits zwischen Karl Theodor und Pius VI. vereinbarte Güterabtretung nun auch in die Praxis umzusetzen.

Von verheerenden Folgen für die bayerische Kultur war allerdings die Art, mit der übereifrige Provinzbeamte diese Reform vollzogen. So wurden allein im Aiblinger Ortsbereich mindestens vier Kapellen sinnlos abgerissen. Vor allem aber zerstörte man, um Steine für ein neues Schulhaus zu gewinnen, eines der kostbarsten Bauwerke der gesamten Region: die romanische Georgs-Kirche von Thürham. - Daß nicht etwa Beamtenwillkür, sondern ausgerechnet der pädagogische Eifer des Aiblinger Pfarrers Anton Selmar diesen Frevel verschul-

Die klassizistische Karolinenkirche, im Jahr 1822 für die pfälzischen Umsiedler von Großkarolinenfeld erbaut, ist das älteste protestantische Gotteshaus in Oberbayern.

dete, beweist, wie wenig sich der Vandalismus jener Tage mit kirchenfeindlichen Klischees erklären läßt.

Die Aufhebung der Augustiner-Chorherrenstifte von Weyarn und Beyharting vollzog sich dagegen weitgehend korrekt. Nur einige Wirtschaftsgebäude wurden vorschnell zerstört. Unwiderbringlich sind dagegen die Verluste an Kirchenschätzen. Denn vor allem goldene Sakralgeräte wurden konfisziert und eingeschmolzen. In Weihenlinden ging so unter anderem die Kaiser-Monstranz Ferdinands III. verloren. Und die Basilika von Tuntenhausen wäre um ein Haar ganz abgebrochen worden, um Baumaterial für die geplante Saline zu gewinnen.

Aber auch die internationale Politik brachte dem Mangfalltal Veränderungen. Nachdem die linksrheinischen Gebiete Bayerns an Frankreich gefallen waren, setzte eine Massenemigration protestantischer Pfälzer ins bayerische Stammland ein. So erging das kurfürstliche Edikt, 2 000 Tagewerk Moorgrund zwischen Rosenheim und Aibling zur Bebauung für die Flüchtlinge freizugeben. Diese Umsiedelung erwies sich als zwiespältige Maßnahme. Denn einerseits war Max Joseph daran interessiert, seine Pfälzer Untertanen möglichst auf bayerischem Boden zu halten. Andererseits war diese Siedlungspolitik durch keinerlei Infrastruktur gedeckt. Die Kolonisten wurden mit großzügigen Versprechungen ins Moor gelockt. Doch als der erste Treck im April 1802 eintraf, stand er buchstäblich vor dem Nichts. Fast die Hälfte der Emigranten kehrte darauf tief enttäuscht in ihre nunmehr französisch gewordene Heimat zurück. Der Rest - 235 Erwachsene und 102 Kinder - begann aus Lehm, Holz und Stroh notdürftig Unterkünfte zu errichten. Es entstanden zwei Siedlungen, die schon bald zu einem gemeinsamen Ort vereinigt wurden. Zu Ehren der Kurfürstin Karoline, die sich - selbst Badenerin und Protestantin - ihrer Landsleute nach Kräften annahm, erhielt das Dorf den Namen Großkarolinenfeld.

Die Bedingungen der Moorsiedler waren in den ersten Jahren quälend hart und glichen in manchen Zügen der Landnahme im "Wilden Westen" Amerikas. Auch die Religionsfreiheit blieb anfangs ein papierenes Versprechen. Erst 1822 entstand in Großkarolinenfeld die erste evangelische Kirche Oberbayerns; und schließlich erwarb sich die Kolonie auch das Gemeinderecht. Trotzdem blieb Großkarolinenfeld eine Insel in der bayerischen Dorflandschaft. Nur hier wurde ein badisch-pfälzischer Dialekt gesprochen, der sich schließlich mit altbayerischen Elementen mischte und als "kolwerische" Mundart bis in unsere Gegenwart erhalten blieb.

Nach Napoleons Kaiserkrönung verschärften sich indes im Sommer 1805 erneut die Spannungen. Bayern, das längst in Verhandlungen mit Frankreich eingetreten war, sah sich plötzlich unter massivem Druck, wieder in die alte Koalition zurückzukehren. Österreichische Truppen zogen an der Grenze auf. Napoleon stieß darauf in einem Blitzfeldzug entlang der Donau vor. Die Österreicher rückten prompt in Gegenrichtung ein. Und wiederum war Aibling österreichische Garnison - mit allen Folgen von Preissteigerungen bis zur akuten Lebensmittelknappheit. Napoleons Sieg in der Schlacht bei Austerlitz bedeutete so für die Menschen der Region tatsächlich eine Befreiung. Entsprechend wurde auch die Ausrufung des Königreiches Bayern im Mangfalltal mit Enthusiasmus gefeiert.

Doch die Euphorie hielt nicht vor. Bereits im Januar rollten Trecks mit beschlagnahmten Waffen, Pulvervorräten und anderen Rüstungsgütern aus der Tiroler Festung Kufstein durch das Mangfalltal. Französische Einheiten bezogen neuerlich Quartier (und der Aiblinger Gerichtsbote Jakobus Miller beschreibt mit Ingrimm, daß die Herren aus Frankreich auch noch Feinschmecker waren und sich bei ihren Requirierungen nur mit dem Allerbesten zufriedengaben).

1807 wurde dafür das Rentamt in Aibling installiert und die allgemeine Verwaltungsreform auch hier vollzogen. 1808 besuchte König Max selbst zweimal Markt und Region. Aber trotz der Stabilisierung im Innern blieb die Lage nicht gefahrlos. Der Tiroler Volksaufstand machte Aibling erneut zum wichtigsten französischen Basislager zwischen Kufstein und München. Während des Jahres 1809 glich die Garnison einem Bienenstock. Anfang April biwakierten annähernd 15 000 Mann im Ort - sämtliche Gartenzäune gingen in 900 Lagerfeuern in Flammen auf. Es kam zu Ausschreitungen gegenüber der Zivilbevölkerung. Nur gegen die aufständischen Tiroler gerieten die Franzosen zeitweise ins Hintertreffen. So drangen Andreas Hofers Freischärler ungehindert bis Aibling vor und besetzten einen Tag lang mit Waffengewalt den Markt.

Zu ebendieser Zeit eröffnete sich für Aibling eine einzigartige Chance des wirtschaftlichen Aufschwungs. General-Administrator Joseph von Utzschneider und der Mannheimer Ingenieur Georg von Reichenbach waren vom König beauftragt worden, eine Soleleitung von Reichenhall bis in die Nähe Münchens zu verlegen und den geeigneten Standort für eine Saline zu ermitteln. Und hier bot sich zunächst der gut organisierte Verwaltungssitz Aibling an. Jedoch die Aiblinger - aus Angst vor dem erneuten Zuzug fremder Arbeitskräfte - verweigerten sich dem Projekt. So bekam Rosenheim den Zuschlag. Die Region hatte ein neues Wirtschaftszentrum.

Dafür holte der Krieg das Mangfalltal noch einmal ein. Bereits 1808 war die allgemeine Wehrpflicht eingeführt worden. 1812 trat der Ernstfall ein. Als Bündnispartner Napoleons war Bayern verpflichtet, sich mit 30 000 Mann am Rußlandfeldzug zu beteiligen. Nun war die Bevölkerung des Landes damals durch Krieg und Hunger bereits auf 1,2 Millionen zusammengeschrumpft. Das hieß: jeder zehnte Mann im wehrfähigen Alter mußte nach Rußland. Als ein Jahr später die erbärmlichen Reste der geschlagenen "Grande Armée" in ihre Heimat zurückkehrten, waren darunter kaum dreitausend Bayern. Neun von zehn Männern waren entweder durch Hunger, Kälte und Seuchen oder auf dem Schlachtfeld umgekommen.

Das Aiblinger Theresienmonument in einer Darstellung des 19. Jahrhunderts. Am 6. Dezember 1832 hatte hier an der Mangfallbrücke Königin Therese Abschied von ihrem Sohn Otto genommen.

Von der Heilkraft des Moores

Bad Aiblings wirtschaftlicher Aufschwung

Das bayerisch-österreichische Bündnis gegen den verhaßt gewordenen französischen Diktator ging zwar als "Befreiungskrieg" in die Geschichte ein. Doch für die Landbevölkerung bedeutete es zunächst nur eine weitere Katastrophe. General Wrede hob 28 000 Mann aus. Über fünftausend davon verloren in der Schlacht bei Hanau ihr Leben. Die Aufstellung eines Landwehrbataillons mit Kompanien in Aibling, Willing, Beyharting und Tuntenhausen zwang sogar die Ortsansässigen zu regelmäßigen Wehrübungen. 1811 war überdies erneut ein Großfeuer ausgebrochen, das die gesamte Westseite des Aiblinger Marktes zerstörte. Und ein Jahr nach dem Wiener Kongreß, im Sommer 1816, führten Mitte Juni Schneefälle und Fröste zur Vernichtung der Ernte im gesamten Mangfalltal. Eine erneute Hungersnot brach aus. Die Viehbestände mußten verringert werden, da nicht mehr genügend Futter zur Verfügung stand. Eine weitere Mißernte im Folgejahr verschlimmerte die Not. Daß einige Bauern, Müller und Bräuwirte die Situation auch noch schamlos zu Inflationsgewinnen nutzten und ihre Getreidereserven vorsätzlich zurückhielten, erzeugte angesichts zahlreicher Hungertoter tiefste Verbitterung und Zwietracht. Nicht minder groß war die Enttäuschung über Bayerns Königshaus und besonders über Kronprinz Ludwig, der, statt helfend einzugreifen, mit der klassizistischen Gestaltung des Königsplatzes das erste seiner scheinbar unsinnig pompösen Bauprojekte in Angriff nahm.

Eben dieser Ludwig wurde nach dem Tod Max Josephs 1825 Bayerns neuer König. Er übernahm einmal mehr ein Land im Staatsbankrott. Doch die Sanierungsmaßnahmen seines Finanzministers Armansperg zeigten Wirkung. Und so setzte auch im Mangfalltal allmählich eine Stabilisierung ein. Die Sympathien für das Königshaus wuchsen und äußerten sich 1832 in einer rührend-kuriosen Geste. Denn als nach der Befreiung Griechenlands von den Türken dort ein Königshaus europäischen Zuschnitts installiert werden sollte, fiel die Wahl der Siegermächte England, Rußland und Frankreich nach vergeblicher Suche an den eigenen Höfen ausgerechnet auf den Bayernprinzen Otto. Außenpolitisch erwies sich die Wahl als eklatanter Mißgriff - Griechenlands Bevölkerung machte aus ihrer Antipathie gegen die willkürlich aufgesetzte Monarchie kein Hehl. Innenpolitisch aber wurde Ottos Griechenlandfahrt zum Triumphzug. Und als der Prinz am 6. Dezember 1832 in Aibling tränenreichen Abschied von seiner Mutter Therese nahm - eine Inschrift am Duschlbräu berichtet, die Königin habe sich "in einem Zimmer dieses Hauses fast ohnmächtig im herben Schmerz um den vielgeliebten Sohn" von ihren Strapazen ausgeruht -, da war zumal die weibliche Bevölkerung so tief gerührt, daß "die Bewohner des königlichen Landgerichts Rosenheim und theilnehmende Frauen aus allen Gauen Bayerns" ihre Erinnerung an das Ereignis in einer neugotischen Gedenksäule, dem Theresienmonument an der Mangfallbrücke, zum Ausdruck brachten. Ein Festspruch der Aiblinger Schützen zur Enthüllung des Denkmals gab dieser Zuneigung in hinreißend unfreiwilliger Komik Ausdruck: "Der Wendlstein, der uns umgiebt, / So fest mein Herz den König liebt!"

Am 23. Mai 1838 wurde auf Befehl Ludwigs I. das nach Rosenheim verlegte Landgericht erneut in Aibling angesiedelt. Und mit dieser lang erhofften Genugtuung schien man sich am Ort zunächst bescheiden zu wollen. Der Markt war auf bestem Weg, dank seiner neuen Reputierlichkeit in einer ländlichen Biedermeier-Idylle zu versinken. Da löste die Reinstallation des Gerichtes auf gänzlich anderem Gebiet eine höchst unverhoffte Wendung aus.

Im nachbarlichen Ebersberg war nämlich am 28. Januar 1804 als Sohn des dortigen Landrichters ein gewisser Desiderius

Otto von Bayern als designierter König Griechenlands mit seiner Mutter (zeitgenössisches Wandbild am Aiblinger Duschlbräu)

Dr. Desiderius Beck (28. 1. 1804 - 11. 8. 1877) erforschte die Heilkraft des Aiblinger Moores und machte den Markt damit zum ältesten Moorbad Bayerns (Gemälde im Besitz des Heimatmuseums Bad Aibling).

Beck geboren worden. Der junge Mann begann sein Studium der Medizin in Würzburg und entwickelte ein lebhaftes Interesse für neue, bislang unerforschte Heilmethoden. Er dissertierte mit einer eigenwilligen, für die damalige Schulmedizin völlig abgelegenen Doktorarbeit mit dem Titel "Versuche über die Acupunktur". Und 1828 ließ sich der vielseitig begabte Vierundzwanzigjährige als praktischer Arzt, Chirurg und Geburtshelfer in Aibling nieder.

Aber seine Praxis florierte nicht. Dr. Beck mußte Aibling verlassen, wechselte in den Staatsdienst über und erhielt eine Stelle als Gerichtsphysikus in Wolfratshausen. Da bot ihm das neue Aiblinger Landgericht eine zweite Chance. Er bewarb sich als Gerichtsarzt und wurde 1838 an seinen alten Wirkungsort versetzt. Nun endlich besaß er eine sichere Stelle, die es ihm ermöglichte, das alte Steckenpferd der außerschulischen Behandlungsmethoden von neuem aufzunehmen.

Beck hatte bereits im Zuge seiner Studien die Heilerfolge untersucht, die man in Karlsbad und Franzensbad durch Schlamm- und Solebäder bei rheumatischen Erkrankungen erzielte. Die Nähe der Rosenheimer Saline und die zahlreichen Hochmoore rund um Aibling legten es nahe, vergleichbare Methoden nun auch an seiner neuen Wirkungsstätte zu erproben. Beck begann also zu experimentieren, wobei er in dem Landarzt Johann Michael Gschwändler und dem Apotheker Anton Burger interessierte Freunde und Förderer seiner Versuche fand.

Besonders Gschwändlers Anteilnahme war für Desiderius Beck von Nutzen. Denn die Praxis des Kollegen befand sich in dem alten, fast unversehrt aus der Gotik überkommenen Badhaus des Ortes. Dieses Badehaus befand sich wie in mancher anderen Gemeinde zunächst im Besitz der Kirche und war erst im Zug der Säkularisation in weltliche Hände übergegangen. Die steinernen, halb in die Erde versenkten Badetröge aber blieben erhalten. Und in ihnen verabreichten Beck und Gschwändler ihre ersten Bäder aus einer Mischung von Sole und Moorschlamm.

Die Experimente waren zunächst eher lebensbedrohlich als gesundheitsfördernd. Gut zwei Stunden ließen die wackeren Ärzte ihre Patienten in der warmen Brühe schmoren. Und daß dabei keine Todesfälle durch Herz-Kreislauf-Versagen auftraten, spricht vor allem für die robuste Natur der Aiblinger Bevölkerung. Doch auf dem eigentlich erhofften Wirkungsfeld, den rheumatisch versteifenden Gelenkserkrankungen, stellten sich tatsächlich Erfolge ein. So verfeinerten die beiden Mediziner Zug um Zug ihre Behandlungsmethoden. Und 1844 nahm Desiderius Beck das Risiko auf sich, eine eigene Sole- und Moorschlamm-Badeanstalt zu errichten. Die Baugenehmigung wurde am 21. August erteilt. Einen Monat später begannen die Aushubarbeiten; und am 1. Mai 1845 wurden im frisch eingeweihten Haus an der Rosengasse die ersten Moorbäder verabreicht.

Beck versuchte alles, um die Kur auch überregional populär zu machen. Er verfaßte eine Werbebroschüre, die er an Kollegen und Journalisten der Münchner Presse verteilte. Er bemühte sich, die neue Badeanstalt auch gastronomisch und im Komfort der Fremdenzimmer den gehobenen Ansprüchen seiner Gäste anzupassen. Er gründete einen Verschönerungsver-

Der Aiblinger Bahnhof bei seiner Einweihung im Juli 1858

Im alten gotischen Badhaus des Bezirksarztes Johann Michael Gschwändler an der Aiblinger Kirchzeile unternahm Dr. Desiderius Beck um 1840 die ersten Versuche mit Moorschlamm-Solebädern.

ein, der das Ortsbild gemäß den ästhetischen Bedürfnissen der "feinen Gesellschaft" aufpolieren sollte. Eine ebenfalls von ihm initiierte Liedertafel sorgte für musikalische Unterhaltung. Doch der idealistische Mediziner hatte sich verschätzt. Weite Teile der Bevölkerung betrachteten sein Wirken mit offener Feindseligkeit. So fielen im Juni 1848 sämtliche Fenster und Obstbäume in Becks Anwesen einem nächtlichen Anschlag zum Opfer. Auch der erwartete Besucherstrom blieb aus. Nach nur drei Jahren hatte sich der ursprünglich geplante Kapitaleinsatz von 9 500 Gulden zu einem Defizit von 20 000 Gulden ausgewachsen. Und 1852 mußte der verbitterte Dr. Beck sein Badehaus an den Unternehmer Karl von Berüff verkaufen.

Indessen machte auf Landesebene die von König Ludwig I. eingeleitete Strukturreform Fortschritte. Der von Napoleon installierte Isarkreis war 1838 in den modernen Regierungsbezirk Oberbayern umgewandelt worden. Vor allem aber wurde das Verkehrswegenetz entlang der Mangfall ausgebaut. Dieser Ausbau hatte bereits 1806 begonnen, als auf königlichen Befehl der Triftbach ausgehoben wurde: ein Kanal entlang des nördlichen Flußufers zwischen Bruckmühl und Aibling, der das Flößen von Bau- und Feuerholz für die geplante Rosenheimer Saline erleichtern sollte. Doch der entscheidende verkehrspolitische Impuls für die Region ging von einer Erfindung aus, die 1835 mit einer ersten Versuchsstrecke zwischen Nürnberg und Fürth ihren Siegeszug antrat: der Eisenbahn.

Ludwig betrieb den Ausbau des bayerischen Streckennetzes mit größter Energie; doch die entscheidende Verbindungslinie München-Kufstein-Innsbruck über Aibling und Rosenheim kam erst unter seinem Nachfolger Maximilian zustande. 1857 nahm die neue "Maximiliansbahn" den Betrieb auf und veränderte das Bild des Mangfalltals wie keine Baumaßnahme vor ihr.

Der regional wichtigste Neubau an der Strecke war der 1858 fertiggestellte Aiblinger Bahnhof: ein kubisches Gebäude mit zwei Seitenflügeln, dessen Architektur den Standard für viele weitere Stationen setzte. Das frisch installierte Kurbad gewann damit die entscheidende Anbindung an die Hauptverkehrslinie Bayern-Italien. Mit Eröffnung der Maximiliansbahn verkürzte sich zudem die Reisezeit von München, die fast einen Tag betragen hatte, auf weniger als zweieinhalb Stunden. Aibling durfte sich mit einem Schlag als ideale Anlaufstelle für den frisch aufblühenden Tourismus fühlen.

Doch die Bürger mißtrauten dem neuen Erwerbszweig und setzten weiter auf die alte, sichere Tradition als Verwaltungszentrum. Nachdem 1861 auch Berüff mit seinem Badebetrieb kläglich gescheitert war und das Hotel an einen Münchner Kellner namens Beutling veräußern mußte, wurde 1863 König Max II. in einem Bittgesuch des Magistrats geradezu bestürmt, nach dem Landgericht nun auch noch das Bezirksamt nach Aibling zu verlegen - doch vergeblich. Dafür hatte Berüff im zweiten Anlauf endlich Erfolg. Sechs Jahre nach dem Verkauf erwarb er Badeanstalt und Hotel von neuem, benannte sie zunächst nach der bayerischen Prinzessin und Mutter Kaiser Franz Josephs "Sophienbad" und dann, am 7. Juni 1871, zu Ehren des neuen Bayernkönigs "Ludwigsbad" und führte den Betrieb unter diesem Namen zum ersehnten wirtschaftlichen Durchbruch. Desiderius Beck praktizierte indessen glanzlos weiter als Gerichts- und Badearzt. Erst 1875 wurde ihm die späte Genugtuung der Ehrenbürgerwürde zuteil. Er starb verbittert am 11. August 1877.

Der Badebetrieb aber blühte auf. Die alte Posthalterei am Marktplatz wurde abgerissen. An ihrer Stelle entstand 1871 als klobiger, vierstöckiger Neubau das "Kurhotel Duschl-Post". Es folgten 1872 das Johannisbad, 1873 das Kurhotel Wittelsbach, 1885 das Wilhelmsbad, 1891 das Alexanderbad, 1894 das Theresienbad und 1896 der Badegasthof "Zum grünen Wald"; und schließlich wurde auch noch das um 1845 entstandene Karolinenschlößchen in ein Kurbad umgewandelt. Entlang dem Glonnufer errichteten frisch angesiedelte Kurärzte eine Reihe eleganter Jugendstilvillen, wobei Namen wie "Villa Wahnfried" von der wagnerisch pompösen Gesinnung jener Tage zeugen. Kurzum: Der bis 1850 noch so provinzielle Marktflecken hatte sich in ein Heilbad von Rang verwandelt. Russische Großfürsten verkehrten hier ebenso wie Bayerns Adel und die Prominenz der deutschsprachigen Bühne.

Auch die therapeutischen Verfahren hatten sich enorm verfeinert. Anstelle unhandlicher Steinwannen mit ihren hohen Wärmeverlusten hatten sich fahrbare Holzwannen durchgesetzt. Die Indikationen waren weitgehend geklärt und schulmedizinisch abgesichert. Und selbst der deutsch-französische Krieg von 1870/71 brachte dem Kurort statt Verlusten neue Kunden. Denn der Badearzt Dr. Johann Georg Auer konnte die Münchner Heeresverwaltung von der wohltätigen Wirkung des Moores bei Kriegsverletzungen überzeugen, so daß der Konflikt einen neuen, lohnenden Behandlungszweig eröffnete. 1883 wurde mit dem Bau des Krankenhauses auch die allgemeinmedizinische Versorgung gesichert. Und schließlich, am 17. Mai 1895, verlieh Kronprinz Luitpold - selbst ein regelmäßiger Besucher der Aiblinger Therapiestätten - dem Markt "allergnädigst" zum 50. Jubiläum des Moorbetriebs den langersehnten Titel "Bad".

Diese Bestätigung machte die Väter der Gemeinde mutig. In Vorgesprächen mit München wurde eine wachsende Bereitschaft der Regierung deutlich, weitere Verwaltungsaufgaben in den Ort zu legen. So begannen die Aiblinger auf eigene Kosten und eigenes Risiko auf dem Klafferer mit der Errichtung eines Bezirksamts und überzeugten mit dieser unkonventionellen Geste die noch immer zögerliche Obrigkeit. Bad Aibling wurde am 10. Februar 1900 Sitz der Bezirksverwaltung.

Erst als "Ludwigsbad" erwirtschaftete die von Dr. Beck gegründete Kuranstalt den ersehnten Erfolg (Foto der Jahrhundertwende).

In solchen schmucklos kargen Räumen wurden noch um 1920 in Bad Aibling Moorbäder verabreicht.

Die erste erhaltene Fotografie der Aiblinger Kirchzeile um 1860 zeigt die ursprüngliche Bauform mit schindelgedeckten Satteldächern.

Siedler, Bürger, Arbeiter

Die Industrialisierung des Mangfalltals

Als Kurbad und Bezirksstadt hatte Aibling viel von seinem alten Glanz zurückgewonnen. Doch die folgenreicheren Entscheidungen fielen nicht hier. Sie fielen im vermeintlichen Ödland links und rechts des Ortes.

Pfarrer Joseph Grassinger erwähnt in seiner 1857 abgefaßten Geschichte der Pfarrei die Kolberfilze zwischen Aibling und Rosenheim als sumpfiges Brachland. Als die Bahn am 24. Oktober 1857 ihren Betrieb aufnahm, war deshalb noch nicht im Traum an eine Station am Rande dieses öden Kolbermoors gedacht. Nur ein beim Bahnbau tätiger Verwaltungsfachmann, der Belgier Jean Cormeau, rechnete sich eine Gewinnchance aus: Die Lokomotiven waren immerhin auf Brennstoff angewiesen. Was, wenn man das Kolbermoor als Torfstich nutzte und den Trockentorf der Bahn verkaufte? Cormeau erwarb 200 Tagwerk Filze. Aber er hatte sich verrechnet: Das Produkt war viel zu schlecht, um für die Bahnverwaltung interessant zu sein. So verkaufte der Belgier im Frühjahr 1859 seine Gründe an die Münchner Merkel & Co. AG, die soeben ein aus England importiertes Verfahren zur Preßtorfgewinnung weiterentwickelt hatte.

Es war ein perfekt organisierter kleiner Industriebetrieb, der nun auf einem Gelände neben der Bahn entstand: Dampfpflüge schälten den Torf aus dem Boden, Loren brachten ihn zur Trocknung in drei Stadel. Eine Dampfpresse formte das Material zu Kugeln, die mit Heißluft nachbehandelt wurden und so eine Energieausbeute erreichten, die selbst Braunkohle übertraf.

Das Unternehmen lieferte pro Tag 200 Zentner. Nur der Transport zur fernen Verladestelle Grubholz erwies sich als unbefriedigend. Und auch die 150 Rosenheimer Arbeiter erreichten ihre neue Wirkungsstätte erst nach stundenlangen Märschen. Es ergab sich mithin die Notwendigkeit, neben der Torffabrik eine Behelfsstation der Bahn zu gründen. So entstand die Haltestelle Kolbermoor und nahm am 15. September 1859 ihren Dienst auf.

Der Erfolg des Merkelschen Betriebes aber machte das Gelände auch für andere zum Spekulationsobjekt. Der Rosenheimer Unternehmer Schmitt kaufte erhebliche Flächen östlich der Torfanlage. Und im Westen erwarb der Münchner Industrielle Graf Lodron das gesamte Mangfallufer bis zum Aiblinger Ortsrand sowie weite Torfgebiete. Die Schmittschen Gründe gingen bald darauf gleichfalls an Lodron über; so daß nun bis auf das Torfwerk und das Bahngelände das gesamte Territorium zwischen Aibling und Rosenheim in einer Hand war.

Zwei frühe Arbeitersiedlungen im Mangfalltal: Die Reihenhäuser an der Kolbermoorer Carl-Jordan-Straße...

...und die zwölf "Apostelhäuser" in Heufeld, die gegenüber der Liebigschen Kunstdüngerfabrik errichtet wurden.

Um die Wasserkraft der Mangfall besser auszunutzen, wurde 1861 für die Baumwollspinnerei in Kolbermoor ein eigener Werkskanal gegraben.

Lodrons Kalkulation klang einfach: Wo Arbeiter waren, brauchte man Verpflegung. Und man brauchte irgendwann auch Grundstücke und Häuser. So errichtete er eine Kantine für das Torfwerk, einen Bauernhof und eine kleine Ziegelei. Damit schienen die Möglichkeiten zunächst erschöpft - bis Lodron 1860 einen Jagdfreund an die Mangfall brachte: den Augsburger Ingenieur Theodor Haßler. Der erkannte sofort das Potential an Wasserkraft, das im Fluß steckte. Zusammen mit der Bahnanbindung und dem unbegrenzten Vorrat an fossiler Energie ergab dies einen optimalen Industriestandort.

Haßler hatte damals bereits Erfahrung mit Baumwollspinnereien in Bamberg und Köln gesammelt. Also setzte er erneut auf diese Branche. Er gründete eine Aktiengesellschaft, deren Zeichner - darunter der spätere Prinzregent Luitpold - zwei Millionen Gulden aufbrachten. Als Bauplatz war zunächst der Aiblinger Ortsrand an der Mangfallbrücke vorgesehen. Doch die Aiblinger, die angesichts der Bahn ihre touristische Chance witterten, wollten sich die neue Attraktivität durch keine Fabrik gefährden lassen. So war Haßler gezwungen, die Anlage in unmittelbarer Nähe des Torfwerks zu errichten - eine bittere Entscheidung. Denn um das Gelände nutzen zu können, mußte die noch völlig unregulierte Mangfall auf einer Länge von 2,7 Kilometern umgeleitet und begradigt und zudem ein Werkskanal geschaffen werden.

Also baute man die Baumwollspinnerei buchstäblich in die Wildnis. Hier jedoch erwies sich Haßler als brillanter Städteplaner. Der beim Aushub des Flußbetts gewonnene Kies wurde planiert. Zwischen Kanal und Bahn entstand im Niemandsland ein Schachbrettmuster neuer Straßen. Dieses Wegenetz bemaß zugleich die Parzellierung. Und eine geschickte Publizistik sorgte dafür, das sich Arbeiterfamilien aus ganz Bayern, Tirol und Böhmen auf den preiswert angebotenen Grundstükken niederließen. Auch die Infrastruktur war generalstabsmäßig vorbereitet. Nur für ein paar Monate erfolgte die Belieferung durch Aiblinger und Rosenheimer Betriebe. Dann übernahmen eine eigene Bäckerei, ein Metzger und ein Kramer die Versorgung der Bautrupps und Fabrikarbeiter.

So stampften 600 Arbeitskräfte in genau zwei Jahren eine komplette Industrieansiedlung aus dem Boden. Und als im November 1862 die Maschinen anliefen, war die Einwohnerzahl des neuen Ortes bereits auf 400 angewachsen. Fünf Jahre später lebten in 183 Häusern über 1 300 Menschen. An Stelle der Behelfsstation erhob sich ein Bahnhof. 1869 stand auch die katholische Kirche fertig da. Zwei Schulen folgten. 1872 zählte Kolbermoor 2 044 Einwohner und war damit hinter Rosenheim zum zweitgrößten Ort des Mangfalltales aufgestiegen. Und weil der enorme Bauboom einen entsprechenden Bedarf an Material erzeugte, wurde aus den Lodronschen Ziegelbrennereien ein Tonwerk, das sich selbst zur Industrie auswuchs und 1875 seine Massenfertigung aufnahm.

Weit schwieriger war die politische Organisation des Ortes. Das Gelände gehörte damals ausgerechnet zur Gemeinde Mietraching im Westen Aiblings. Und die stand dem Projekt entschieden ablehnend gegenüber. Zum einen bedeutete nämlich eine Fabrik mit ihren festen Löhnen für die Jungbauern eine gefährliche Verlockung. Andererseits gab es noch keinerlei soziale Sicherung. Wer ausschied, wurde fast zwangsläufig zum Sozialfall - und das hieß auch: zum Versorgungsfall für die Gemeinde. Alte Ressentiments gegen Fremdarbeiter spielten wohl gleichfalls ihre Rolle. So blockierte Mietraching die Neuansiedlung mit allen Mitteln. Und der Direktion der Spinnerei blieb wenig übrig, als im Eilverfahren die Erhebung Kolbermoors zur eigenständigen Gemeinde anzustreben. Da das Königshaus selbst zu den Aktionären zählte, war dies allerdings kaum mehr als eine Formsache. Nur zehn Monate nach Start des Spinnereibetriebes sah sich Kolbermoor zur Gemeinde erhoben.

Diese Gemeinde aber stand exakt vor jenen Finanzproblemen, die man in Mietraching befürchtet hatte. Und die ohnehin kritische Lage verschärfte sich, als 1864 der amerikanische Bürgerkrieg zum Zusammenbruch der Baumwollimporte führte und das Werk die Produktion herunterfahren mußte (daß die Abschaffung der Sklaverei in den Vereinigten Staaten zu einer akuten Rohstoffkrise im bayerischen Alpenvorland führte, zeigt auf zynische Weise, wie stark die Vernetzung der Weltwirtschaft bereits fortgeschritten war).

Aber auch ohne Importprobleme blieb Kolbermoor ein Notstandsgebiet. Die Spinnerei hatte zwar mit ihrer Siedlung eine für damalige Verhältnisse beispielhafte Infrastruktur geschaffen. Sie vergab auch freizügig Kredite. Aber sie verlangte sie mit Zins und Zinseszins zurück. Indessen mußte ausgerechnet das Torfwerk Konkurs anmelden - konkurrierende Firmen hatten es durch Einsatz von mobilen Pressen unwirtschaftlich gemacht. Vor allem aber erwies sich die Begradigung der Mangfall als Danaergeschenk. Denn während der unregulierte Fluß seine

Das sechsstöckige Gebäude der Kolbermoorer Spinnerei war eines der ersten industriellen Hochhäuser in Südbayern.

Hochwässer in die Moore abgeleitet hatte, überschwemmte er nun das gesamte Ortsgebiet. Trotz einer hervorragend organisierten Werksfeuerwehr brannte 1898 auch noch die Spinnerei vollständig ab. Und obwohl der Wiederaufbau unverzüglich in Angriff genommen wurde, blickte der verarmte Industrieort zur Jahrhundertwende in eine ungewisse Zukunft.

Die Errichtung der Maximiliansbahn hatte jedoch nicht nur die Gründung von Kolbermoor ermöglicht. Sie begünstigte auch das Entstehen eines zweiten Industriestandortes im Aiblinger Westen. Das Heufeld war, wie sein Name sagt, zunächst eine Weidefläche. Einziger Handwerksbetrieb blieb seit dem Mittelalter eine Einöd-Mühle, die die Wasserkraft der Mangfall nutzte. Diese Idylle wurde abrupt durch zwei Ereignisse gestört: den Bahnbau und eine Entdeckung des Chemikers Justus von Liebig. Dieser hatte 1840 nachgewiesen, daß sich aus Knochenmehl und Schwefelsäure ein Granulat gewinnen ließ, das jedem Kuhdung überlegen schien - der Kunstdünger war erfunden. Liebig übersiedelte nach München. 1857 wurde die Bayerische Aktiengesellschaft für chemische und landwirtschaftlich-chemische Fabrikate BAG gegründet. Und da König Max II. die Errichtung einer Fabrik am Stadtrand Münchens wegen der erwarteten Geruchsbelästigung strikt untersagte, wählte die BAG ein Gelände östlich der Heufeld-Mühle als Standort. Der Aiblinger Magistrat wollte diese Industrie naturgemäß noch weniger akzeptieren als die Kolbermoorer Spinnerei. So entspann sich eines der ersten umweltpolitischen Verfahren in der Geschichte Bayerns. Erst ein wissenschaftliches Gutachten Max von Pettenkofers, das die Entgiftung der auftretenden Dämpfe sowie eine rigorose Überwachung vorschlug, gab den Ausschlag. Justus von Liebig und seine Aktionäre versuchten lange, diese Umweltauflagen zu umgehen. Sie drohten - wie moderne Unternehmer - mit der Verlegung in industriefreundlichere

Gegenden; zugleich beteuerten sie die Unbedenklichkeit der auftretenden Immissionen. Und schließlich stand der Genehmigung kein Rechtsmittel mehr entgegen. Die Kunstdüngerfabrik Heufeld wurde gebaut. Ihr gegenüber entstand eine Arbeitersiedlung mit zwölf identischen Gebäuden: die "Apostelhäuser"; und daß deren Bewohner hinfort trotz aller Versicherungen mit Schwefel- und Zersetzungsdünsten leben mußen, galt als ein notwendiger Preis des Fortschritts.

Auch westlich der Heufeld-Mühle veränderte sich die Landschaft. Schon seit ältester Zeit hatte hier eine Brücke die beiden Ufer der Mangfall verbunden. Und seit 1325 ist ein "Müller an der Bruck" bezeugt. Die Mühle blieb zunächst wie jene auf dem Heufeld eine Einöde. Nur eine Kramerei, ein Weberhaus und die Salpeterkocherei von Sonnenwiechs standen in relativer Nachbarschaft. Der Güterverkehr blieb auf das Abflößen von Brennholz für die Rosenheimer Saline beschränkt. Doch auch in diese Idylle brach die Bahn ein. Die Anlaufstelle der Flößer bekam plötzlich neue Bedeutung. Aus der Mühle

Die historischen Kalkbrennöfen von Litzldorf zählen zu den eindrucksvollen Industriedenkmälern der Region.

wurde ein Sägewerk, das 1885 von dem Brannenburger Unternehmer Steinbeis erworben wurde. Nahebei entstand eine Parkettbodenfabrik sowie eine Schleiferei, die 1898 zur Papierfabrik erweitert wurde. Und schließlich fiel die Bruckmühle selbst der Industrie zum Opfer: sie wich einer Wolldeckenfabrik. So stellte sich bis auf die Zone rund um Aibling das gesamte Mangfalltal entlang der Bahn um die Jahrhundertwende als ein großräumiges Industriegelände dar.

Aber auch jenseits der neuen Verkehrswege gab es Versuche zur Industrialisierung. In Litzldorf bei Feilnbach wurden trotz erbitterter Proteste der Bevölkerung Brennöfen errichtet, um das Baugewerbe mit Zement zu versorgen. Mitten im Moor entstand das "Torfwerk Feilenbach". Und zeitweise schien es sogar, als würde sich das Land am Wendelstein in ein bayerisches Ruhrgebiet verwandeln. Bereits im 18. Jahrhundert war nämlich bei Miesbach Kohle gefördert und - zunächst wenig erfolgreich - zu Briketts verarbeitet worden. Um 1850 begann man nun systematisch mit dem Abteufen von Probeschächten; und das Ergebnis übertraf die kühnsten Erwartungen. Die Region zwischen Hausham und Parsberg avancierte zum bedeutendsten Kohlerevier Südbayerns mit einer Jahresleistung von über 5 Millionen Zentnern.

Das gröbste technische Hindernis blieb dabei die Höhenlage, die Schächte von 300 Metern Tiefe nötig machte. Auf der Nordseite bei Au traten die Ausläufer des Flözes dagegen unmittelbar aus dem Hang. Es schien also möglich, einen waagrechten Querschlag bis Hausham voranzutreiben und die Kohle so mit wenig Aufwand aus dem Berg zu fördern. Die "Oberbayerische AG für Kohlenbergbau" verlegte ihr Verwaltungsbüro sogleich nach Au und begann 1871 mit den Schachtarbeiten. Zuerst wurde ein Stollen in westlicher Richtung vorangetrieben. Dann begann man in einer weit ausschwingenden Kurve mit dem Hauptschacht in Richtung Hausham.

Die Arbeit wurde anfangs in reiner Handarbeit geleistet. Erst ab 1878 kamen Bohrmaschinen zum Einsatz. Das Auer Vorkommen erwies sich jedoch als dürftig. Und so konzentrierten sich die Anstrengungen darauf, die Haushamer Flöze zu erreichen. Der Querschacht wurde mit einer gewaltigen Anstrengung über neun Kilometer unterirdisch vorangetrieben - damals einer der längsten Tunnelbauten Europas. Doch als man 1886 auf den Haushamer Großflöz stieß, wurden die Hoffnungen enttäuscht. Das Vorkommen an dieser Stelle war unergiebig. Also wurden zwei neue Schächte aufeinander zugeführt, die sich 1889 präzise trafen.

Der planmäßige Abbau hätte nun beginnen können. Aber die 14 Kilometer lange, kaum belüftbare Strecke war im Unterhalt weit teurer als die alten Haushamer Schächte. Selbst die 1897 installierte elektrische Eisenbahn Bad Aibling-Feilnbach konnte das Blatt nicht wenden. Und so wurde - nach einer der gewaltigsten Anstrengungen der bayerischen Industriegeschichte - die Kohleförderung von Au im Jahre 1907 ruhmlos eingestellt.

Das Vagener Wasserkraftwerk, das 1913 die Gefällestrecke zwischen Leitzach und Mangfall mit einer mächtigen Rohrleitung überbrückte, galt damals als herausragende Ingenieurleistung.

Der Aiblinger Marienplatz in einer Ansicht der Jahrhundertwende mit dem historischen Rathaus und dem Hotel Duschl-Post

Das 20. Jahrhundert

Von der Industrieregion zur Urlaubslandschaft

Trotz spektakulärer Rückschläge wie dem Scheitern des Auer Bergbaus schien der wirtschaftliche Schwung der Gründerjahre auch im Aufdämmern des neuen Jahrhunderts ungebrochen. Die Einweihung der ersten elektrisch betriebenen Bahnstrecke Bayerns zwischen Bad Aibling und Feilenbach am 29. Mai 1897 war ein Meilenstein der technischen Entwicklung - und sie war zugleich der Ausdruck einer neuen technischen Ästhetik. Denn von den Waggons bis zu den Oberleitungsmasten: alles stand nunmehr im Zeichen des frühen Jugendstils. Ein Dreivierteljahrhundert lang zählte dieser Paradefall einer bayerischen Lokalbahn zu den touristischen Attraktionen. Erst 1973 fiel die Anlage der allgemeinen Bahnreform zum Opfer und wurde durch vermeintlich wirtschaftlichere Busse ersetzt.

Die Stromversorgung der Feilnbacher Strecke besorgte ein kleines bahneigenes Elektrizitätswerk. Wenige Jahre später entstand 12 km flußaufwärts ein Projekt von ungleich größerer Dimension. Noch vor Errichtung des berühmten Walchensee-Kraftwerkes, das als technische Pioniertat in die Geschichte einging, baute nämlich die Stadt München bei Vagen ein Wasserkraftwerk, welches das natürliche, rund 125 Meter messende Gefälle zwischen den Flußläufen von Leitzach und Mangfall nutzen sollte. Der technische Aufwand war auch hier enorm: Der Seehamer See wurde 1911 durch umfangreiche Vertiefungen und Erweiterungen zum Speicherbecken ausgebaut. Ein Stollen von 6,7 km Länge leitete die Leitzachfluten in den See. Und schließlich wurde das Wasser mit einem System aus Röhren und Stollen bis zum Rand des Mangfalltals geführt, wo es in schmiedeeisernen Rohren eine Gefällestrecke von 350 Metern überwand und so die Generatoren des Elektrizitätswerkes mit der damals enormen Betriebsleistung von 12 Megawatt speiste. Fernleitungen verbanden das Leitzachwerk mit der bayerischen Landeshauptstadt; so daß nach der Inbetriebnahme im Jahr 1913 neunzig Prozent der Münchner Stromversorgung allein vom Vagener Werk erbracht wurden (die hohe Effektivität dieser vergleichsweise umweltfreundlichen Energiegewinnung erhellt aus der Tatsache, daß das Leitzachwerk, wenn auch modernisiert und erweitert, bis heute arbeitet und mittlerweile ca. 90 Megawatt Strom erzeugt).

Auch sonst schritt die Industrialisierung der Region voran. Bereits 1888 hatte ein Rosenheimer Steinmetz namens Rehle versucht, im Bruckmühler Industriegelände eine Marmorsäge einzurichten. Das Projekt war zunächst ein Fehlschlag. Erst der neue Besitzer Johann Rösner, Sohn eines schwäbischen Industriellen, machte das Marmorwerk um die Jahrhundertwende zum florierenden Unternehmen. Dieser steinverarbeitende Betrieb sowie die umfangreiche Holzindustrie des Ortes verlangte jedoch nach billigen Arbeitskräften. So wurde neben Kolbermoor nun auch Bruckmühl zum Zuzugsgebiet für entwurzelte Handwerkerfamilien aus Niederbayern, dem Bayerischen Wald, Tirol, Schwaben und Norditalien. Wieder stampfte man Arbeitersiedlungen aus dem Boden. Und das soziale Gefälle begünstigte wie schon in Kolbermoor Erfolge der noch jungen bayerischen Gewerkschaftsbewegung. So zählte nach dem Kolbermoorer Maurerstreik des Jahres 1899 der Arbeitskampf der Bruckmühler Steinschleifer und Parkettarbeiter 1906 zu den ersten gewerkschaftlich organisierten Aktionen in Südbayern.

Im frisch installierten Bezirksamt von Bad Aibling betrachtete man derlei "sozialistische Umtriebe" mit tiefem Unbehagen. Aber auch die Nachbargemeinden waren über ihre Zugehörigkeit zum Aiblinger Bezirk nicht glücklich. Zumal Kolbermoor hatte die alten Ressentiments der Aiblinger nicht vergessen und fühlte sich als Industriestandort weit eher in der Partnerschaft zu Rosenheim. Bad Aibling dagegen behauptete auch weiter seine Sonderstellung. Der Kurbetrieb hatte eine Atmosphäre bescheidener Eleganz und bürgerlichen Wohlstands aufblühen lassen. Zwar gab es inzwischen auch hier erste Fabriksansiedlungen wie die Aiblinger Marmorwerke der Ulmer Firma Schwenk oder die kleine Dampfmolkerei Julius und Engelbert Mugglis (sie ging 1917 an den hessischen Unternehmer Georg Ziegenhain über). Doch das Herz der örtlichen Wirtschaft bildeten die Brauerei-, Schank- und Hotelbetriebe des scheinbar allmächtigen Ökonomierats und langjährigen Aiblinger Bürgermeisters Franz Xaver Wild. Und für die Zukunft setzte die Gemeinde ganz auf ihre Karriere als international renommiertes Heilbad.

So nahm der Kurverein im Jahr 1905 ein Projekt in Angriff, das schon 1882 begonnen, aber nie zur Fertigung gediehen war: den Bau eines Kurhauses. Für den stolzen Betrag von 120 000 Mark führte man neben dem alten Irlach-Schlößchen ein Gebäude auf, dessen Architektur nach Bozener Vorbild alpenländische Formen mit denen des Jugendstils verband. Gleichzeitig wurde auf dem Gelände zwischen Glonn und Mühlbach ein weitläufiger Kurpark mit Musikpavillon und Wandelhalle angelegt. Der Ausschank der vermeintlich heilkräftigen Ludwigsquelle vervollständigte das Ambiente eines mondänen und zugleich idyllischen Kurzentrums vor den Alpen. So schien mit der festlichen Einweihung am 29. Juni 1907 die erfolgreiche Zukunft Bad Aiblings vorbestimmt.

Am 29. Juni 1907 wurde in Bad Aibling das Kurhaus eingeweiht: eine gemütliche Mischung aus Landhaus- und Jugendstil.

Zum politischen Zentrum einer bürgerlich konservativen Haltung wurde allerdings das nachbarliche Tuntenhausen. Dort hatte sich auf Initiative des Maxlrainer Grafen Ludwig von Arco-Zinneberg schon 1869 ein "Bayerisch-patriotischer Bauernverein" gegründet, der sich in den 1890er-Jahren landesweit ausdehnte und dessen Versammlungen um die Jahrhundertwende als einflußreiches Forum der bayerischen Zentrumspartei Geltung erlangten.

Kolbermoor kämpfte indessen mit ganz anderen Problemen. Im August 1904 war schon zum zweitenmal das Tonwerk völlig abgebrannt. Und trotz zügigen Ausbaus von Schulen, Wasserleitung, Kanalisation, Elektrizität etc. wuchsen die sozialen Spannungen. Schien die Sozialdemokratie noch zur Jahrhundertwende eine periphere Größe, wurde sie bei der Landtagswahl des Jahres 1905 bereits die stärkste Partei. Selbst die 1902 geplante Errichtung eines Denkmals für König Ludwig II. geriet so über sieben Jahre zur heftig diskutierten Glaubensfrage. Der Druck der Gewerkschaften und Arbeiterorganisationen nahm zu. 1910 gelang es, zumindest in der Spinnerei den 10-Stunden-Arbeitstag verbindlich festzuschreiben. Dennoch blieb die Gemeinde auch weiter in völliger Abhängigkeit von ihrem führenden Wirtschaftsbetrieb. Selbst die Gemeindekasse wurde durch ihn verwaltet. Die Folge war eine immer stärkere Radikalisierung in weiten Teilen der Belegschaft. Die christlichen Arbeiterorganisationen widersetzten sich dieser Tendenz. Es kam zu Auseinandersetzungen zwischen den Gruppen: der soziale Riß schien kaum mehr reparabel.

Das Bezirksamt am Aiblinger Klafferer. Im Jahr 1900 war das Gebäude im Stil des Historismus errichtet worden.

Da kittete die patriotische Begeisterung des Jahres 1914 all die Gegensätze noch einmal zusammen. Die Mobilmachung wurde wie überall im Reich mit Jubel aufgenommen. Und wie überall im Reich wurden auch im Mangfalltal Reservelazarette, Volksküchen und Unterstützungsvereine eingerichtet. Die Kirchenglocken übermittelten schon bald die ersten Siegesmeldungen: Beflaggung überall. Jedoch die Euphorie verflog. Bereits 1915 wurden in der gesamten Region die Nahrungsmittel knapp. Und auch die häßlichen Realitäten rückten näher. So mußte an der Bahnlinie zwischen Kolbermoor und Rosenheim eine Entlausungsstation mit 91 Baracken errichtet werden. Für die nötigen Straßenbaumaßnahmen verpflichtete man unter erbärmlichen Bedingungen russische Kriegsgefangene. Und der einheimischen Zivilbevölkerung ging es kaum besser: die Krise traf alle gleich. Akuter Kohlemangel blockierte die Industrie im Mangfalltal. Die Rohstoffzufuhr für die Kolbermoorer Baumwollspinnerei ging ebenso zurück wie das Kurwesen in Bad Aibling. Eines der renommiertesten Hotels des Ortes, die Duschl-Post am Marienplatz, mußte 1916 sogar zwangsversteigert werden (das Gebäude fiel zunächst an den Ellmosener Spar- und Darlehensverein, dann an die Bayerische Handelsbank und schließlich an die Aiblinger Bezirkssparkasse).

Noch dramatischer als die wirtschaftliche Situation gestaltete sich die Versorgungslage. Durch einen Hagelschlag im Sommer 1916 war fast die gesamte Ernte vernichtet worden. Der Mangel an Futtermitteln führte im folgenden Winter zu einem drastischen Rückgang der Viehbestände. Entsprechend ordnete das Aiblinger Bezirksamt eine rigorose Lebensmittelrationierung an. Und wenn sich die Gastronomie am Jahresanfang noch mit Ersatzprodukten wie Weißwürsten aus Kaninchenfleisch über Wasser hielt, so herrschte wenige Monate später nacktes Elend. Die Kolbermoorer Arbeiterfrauen unternahmen einen Hungermarsch nach Aibling, um auf ihre katastrophale Lage aufmerksam zu machen - vergeblich. Soziale Spannungen brachen auf. Schiebergeschäfte und Hamsterkäufe verschärften die brisante Situation. Selbst das Bezirksamt geriet in Verdacht, dringend benötigte Lebensmittel zur Aufrechterhaltung des Aiblinger Kurwesens zu mißbrauchen. Jugendbanden rotteten sich zusammen; es kam zu Plünderungen. So - in einem Chaos aus Korruption und Revolution - endete im Mangfalltal der I. Weltkrieg. Und als Bayerns letzter König Ludwig III. mit seiner Familie am 7. November 1918 in drei Mietwagen zur österreichischen Grenze floh, wurde die Fahrt für

Elegante Ärztevillen in der Meggendorferstraße am Glonnufer bezeugten Bad Aiblings Aufstieg zum internationalen Kurort. Tudorstil, altdeutsche Erker, italienische Arkaden und graziles Jugendstil-Dekor sind in den gründerzeitlichen Fassaden einträchtig versammelt.

ihn zum Spießrutenlauf. Erst auf Schloß Wildenwart im Chiemgau fand der gestürzte Monarch eine Unterkunft, ehe er sich am 13. November ins österreichische Anif rettete.

Noch in der Nacht zum 8. November hatte indes in München Kurt Eisner die Macht an sich gerissen und den Freistaat Bayern ausgerufen. Wenige Tage später hielt der neue Ministerpräsident im Aiblinger Kurhaus eine Rede. Es kam zu tumultartigen Szenen, als örtliche Frontkämpfer und Sozialdemokraten die Bühne stürmten und zum Sturz des Putschisten aufriefen. Dennoch wurden unmittelbar nach der Veranstaltung in Aibling und Kolbermoor Volksräte gegründet. Am 3. Februar 1919 hielt der Aiblinger Rat seine erste Sitzung ab. Die explosive Lage aber war damit nicht unter Kontrolle. Nachdem der junge Graf Anton von Arco-Valley am 21. Februar 1919 Kurt Eisner auf offener Straße niedergeschossen hatte, stürmten aufgebrachte Eisner-Anhänger Schloß Maxlrain - damals noch im Besitz der Grafen Arco-Zinneberg - und plünderten es aus. Am 23. Februar kam es in Aibling zu einer Großdemonstration und unmittelbar darauf zur Konstituierung eines revolutionären Arbeiterrates. Bürgermeister und Bezirksamtmann wurden ab- und wenige Tage später wieder eingesetzt. Am 7. April rief man, wie überall, auch am Marienplatz des Kurortes die Republik der Räte aus. In Kolbermoor stellte indessen Josef Schuhmann, ein zugewanderter Pfälzer, einen Revolutionsrat zusammen und ernannte sich selbst zum Bürgermeister.

Nun überschlugen sich die Ereignisse. Bereits in den ersten Apriltagen waren Heufelder Spartakisten plündernd in Aibling eingedrungen - und zurückgeschlagen worden. Indessen formierte sich in Rosenheim der Widerstand der konservativen Landbevölkerung im "Freikorps Chiemgau". Am 14. April brachen Bahn-, Post-, Telefon- und Telegraphenverbindungen zusammen. Gerüchte über eine bevorstehende Revolution verdichteten sich. In der Nacht zum 15. April erschütterten Granateinschläge und Gewehrsalven die Aiblinger Innenstadt. Die

Autobahntrasse bei Dettendorf: mit aller Macht wurde ab 1933 der Bau der Schnellstraße München-Salzburg vorangetrieben.

Eine eigens errichtete Schmalspurbahn transportierte den Flußkies von der Mangfall bis zur Autobahnbaustelle.

Münchner Rotgardisten rückten ein und besetzten den Ort. Mehrere Bürger wurden als Geiseln genommen. Maschinengewehrstellungen sicherten alle strategischen Positionen. Bei Todesstrafe wurde zur Ablieferung der Waffen aufgefordert. Und nur der heldenhafte Verhandlungseinsatz der örtlichen Sozialdemokraten verhinderte die Erschießung von Bürgermeister Hans Ruf.

In den folgenden Tagen baute das nun herrschende "Revolutionskomitee" den Schuhbräukeller zur Festung aus. Doch nach zwei bangen Wochen war der Spuk zu Ende. Als am 2. Mai die Münchner Räteregierung blutig gestürzt worden war, marschierte in den Morgenstunden des 4. Mai die Weiße Garde des "Freikorps Chiemgau" mit 5 000 Mann unter klingendem Spiel in Aibling ein. Sie fand das Hauptquartier der Revolutionäre verlassen: die Rotarmisten hatten sich nach Kolbermoor abgesetzt. Die Weiße Garde, verstärkt durch ein Bataillon Oberpfälzer "Waldler", begann daraufhin sofort mit der militärischen Einkesselung des Ortes. Geschützstellungen wurden von Dettendorf, Moos und Rosenheim aus auf Kolbermoor gerichtet. Nach vergeblichen Verhandlungen kapitulierte der Markt am 4. Mai. Ein Panzerzug mit einem Bataillon regulärer Truppen rollte im Kolbermoorer Bahnhof ein. Die Aufständischen wurden verhaftet. Josef Schuhmann, der vergeblich versucht hatte, die Ordnung aufrecht zu erhalten, wurde zusammen mit seinem noch jugendlichen Adjutanten festgenommen, schwer mißhandelt, an die Wand der Bahnunterführung vor dem Tonwerk gestellt und erschossen.

Die Parole "Helft dem bedrängten Aibling" hatte inzwischen auch im Umland gezündet. Bauernburschen der gesamten Region schlossen sich der Weißen Garde an. Rasch gründete sich eine Volkswehr. In Bad Aibling und den westlichen Industrieorten des Mangfalltals begann eine Verhaftungswelle. Und die ersten demokratischen Gemeindewahlen vom 15. Juni 1919 bestätigten weitgehend die alten Ortsparlamente in ihren Ämtern. Das sozialistische Experiment war gescheitert.

An eine politische und wirtschaftliche Normalisierung schien dennoch kaum zu denken. 1920 begann die Inflation zuerst zu traben, dann zu galoppieren. Der Badebetrieb stagnierte. Fast alle Kurheime wechselten innerhalb der folgenden Jahre die Besitzer. Selbst das Flaggschiff des Aiblinger Kurwesens, das Ludwigsbad, erwies sich als so defizitär, daß sein Betrieb von der Stadt aufrechterhalten werden mußte. Lebensmittel waren fast unerschwinglich. Die Geschäftswelt hatte mit Millionen- und Milliardenbeträgen zu rechnen. Dreimal täglich schaffte man auf Leiterwagen das wertlos gewordene Papiergeld zur Bank, um es gegen neues, nicht minder wertloses einzutauschen. Und am 15. November 1923 war aus einer Billion jählings wieder eine Mark geworden. In Jahrzehnten erworbene Vermögenswerte lösten sich in Luft auf. Zuverlässige Erfolgsbetriebe wie die regionalen Brauereien meldeten Konkurs an. Schließlich mußte sogar die Ökonomierätin Wild ihre Aiblinger Gaststätten an eine Bank veräußern. Und obwohl sich die Beschäftigungslage auf dem Land weit weniger dramatisch entwickelte als in der Großstadt München, stieg die Arbeitslosenzahl im Bezirk Aibling bis 1930 auf Rekordmarken. Auch die neue Mobilität, die 1928 durch einen flächendeckenden privaten Busverkehr ermöglicht worden war, konnte an dieser krisenhaften Entwicklung wenig ändern.

So schlug wiederum die Stunde der Radikalen. Am 15. Mai 1926 hatte sich in Aibling eine erste Ortsgruppe der NSDAP gegründet. Und bald gab es kleine, aber effektive Verbände der SA in Kolbermoor, Bruckmühl, Feldkirchen und Feilnbach; während sich die KPD allein in Kolbermoor auf nennenswerte Mitgliederzahlen stützen konnte.

Sogar die Natur trug einmal mehr zur Destabilisierung der Lage bei. Schon in den zwanziger Jahren hatte es im Aiblinger

Die Hochwasserkatastrophe des Jahres 1940 verwandelte Bad Aiblings Innenstadt in ein einziges, gewaltiges Flußbett.

Der ominöse Aiblinger Rathausbrand vom 30. Juni 1940 - Unglücksfall oder krimineller Akt?

Land verheerende Unwetter und Rekordfröste gegeben. Doch am 20. Juni 1931 fräste - ein bislang in dieser Gegend völlig unbekanntes Phänomen - eine Windhose eine 20 km lange und 8 km breite Schneise durch das Mangfalltal. Die Ernte wurde fast komplett vernichtet, zahllose Gebäude beschädigt. Und was heil geblieben war, fiel wenige Tage später einem Jahrhundert-Hagelschlag zum Opfer.

Ausgleich und Zerstreuung boten in dieser Zeit vor allem Volkstheater wie der "Wendelsteiner Musentempel", dazu ein rasch aufblühendes Kinogewerbe und vor allem der Sport. Bad Aibling galt schon seit der Jahrhundertwende als Hochburg der regionalen Turnerbewegung. Nun kamen neue Disziplinen dazu: 1932 wurde mit der "Bayernrennbahn" eine veritable Motorradstrecke ausgebaut. Zugleich entwickelte sich ein kleiner, improvisierter Sportflugplatz am Westerfeld bei Mietraching zu einem beliebten Fliegertreff und Austragungsort mehrerer Groß-Flugveranstaltungen.

Dafür verlor die politische Verwaltung an Einfluß. So wurde trotz heftiger Proteste das Aiblinger Finanzamt zugunsten Rosenheims aufgehoben. Um so mehr drängten die Gemeindefraktionen - allen voran die forsche NSDAP - auf die Verleihung des Stadtrechts. Die Nationalsozialisten stärkten zugleich auch in ihrer Selbstorganisation das regionale Engagement. So fand am 16. Oktober 1932 im Aiblinger Hofersaal eine Großkundgebung vor 500 Zuhörern statt; am 28. Oktober wurde ein Aiblinger Kreisverband gegründet, mit dem 26 Jahre jungen, idealistisch verblendeten Studenten Gustl Bierling als Kreisleiter (er wurde nur ein Jahr später durch einen "gestandenen" Funktionär ersetzt). Und als sich nach dem Rücktritt Schleichers am 28. Januar 1933 die Berufung Adolf Hitlers zum Reichskanzler abzeichnete, veranstalteten die Nazis tags darauf ihre erste offizielle Kreistagung, um sich auf die bevorstehende Machtübernahme vorzubereiten.

Bei den Reichstagswahlen vom 5. März erreichte die NSDAP im Bezirk Aibling mit 47,6 % ein deutlich höheres Ergebnis als im Landesdurchschnitt (43,5 %). Einzelne Stimmkreise erbrachten Mehrheiten bis zu 58, 8 %, während sich die Nazis in Kolbermoor mit 36,6 % gegenüber 29,1 % für die SPD und 12,6 % für die KPD zufriedengeben mußten. Am 9. März besetzte die SA das Aiblinger Rathaus und das Bezirksamt und vollzog so auch faktisch die Machtübernahme. Der bürgerliche Amtsvorstand Josef Wagner wurde abgelöst. Und - sei es nun Zufall oder nicht - nur eine Woche später, am 18. März 1933, wurde Bad Aibling zur Stadt erhoben. Der neu installierte Stadtrat erklärte daraufhin prompt Reichskanzler Adolf Hitler, Generalfeldmarschall von Hindenburg, Reichsarbeitsminister Seldte, den neuen NS-Ministerpräsidenten Franz von Epp sowie Gauleiter Wagner zu Ehrenbürgern. Straßen und Plätze werden nach ihnen benannt. Die alte Rosenstraße hieß nun Adolf-Hitler-Straße. Und am 2. Juli fuhr der so Geehrte "seine" Straße in offener Limousine ab und wurde von der Bevölkerung frenetisch gefeiert. Gauleiter Wagner hielt die Festansprache bei der Stadterhebungsfeier. Und anders als dereinst bei Eisner kam es diesmal zu keinen Störungen. Denn SPD, KPD, Bayerische Volkspartei und andere politische Gruppierungen waren bereits aus den Gemeindeparlamenten entfernt und ihre Ortsgruppen zwischen Feldkirchen und Bruckmühl aufgelöst worden. Speziell die Jagd auf flüchtige KPD-Funktionäre führte die Suchtrupps der neuen Machthaber bis in die Almen am Wendelstein - zum Glück vergeblich. Dafür wurden im Zug des Gleichschaltungsgesetzes vom 31. März 1933 auch zahlreiche Privatvereine aufgelöst, soweit sie nicht der NSDAP nahestanden - vom Bruckmühler Freien Turnverein bis zu den Kolbermoorer Naturfreunden. Es kam zu zahlreichen Hausdurchsuchungen und mehrere ehemalige SPD-Mitglieder wurden in "Schutzhaft" genommen.

1979 erhielt der Marienplatz in Bad Aibling ein neues Gesicht - doch die Sebastianskirche und das freundliche Hotel Lindner blieben.

Die wenigen jüdischen Mitbürger des Bezirks Aibling blieben dagegen während der gesamten NS-Zeit unbehelligt. So konnte der Aiblinger Bezirksarzt Dr. Hugo Gschwändler trotz seiner halbjüdischen Ehefrau problemlos weiter praktizieren. Und der angesehene jüdische Brauereibesitzer Rubin geriet erst in Bedrängnis, als - eine absurde Pointe der Geschichte - 1945 die amerikanischen Befreier seine Villa am Ortsrand als eine der ersten besetzten.

Um so nachhaltiger veränderten die Arbeitsbeschaffungsmaßnahmen der neuen Herren die Mangfalltaler Landschaft. Die alten Kopfsteinpflaster der Aiblinger Innenstadt wurden großräumig asphaltiert. Aus dem Wildschen Brauereigebäude wurde eine Flüchtlingsunterkunft für die verfolgten österreichischen Parteigenossen, die sogenannten "Legionäre". In der Nähe von Weihenlinden entstand ein Lager des Reichsarbeitsdienstes, der als eine seiner ersten Leistungen das Rößlersche Fabriksgelände in ein Heim der Hitlerjugend umwandelte. Die Auer Ortsgruppe der NSDAP errichtete anstelle eines Gipfelkreuzes auf dem Eckersberg ein weithin sichtbares, acht Meter hohes Hakenkreuz. Und schließlich wurde der Aiblinger Kurbetrieb der Organisation "Kraft durch Freude" angegliedert.

Die größte Baumaßnahme jener Tage aber fand bei Dettendorf statt: denn schon 1933 begann man mit der Trassierung der Autobahn München-Salzburg. Flußkies aus der Mangfall diente dabei als wichtigstes Baumaterial. Eine eigens installierte Kiesbahn beförderte den Schotter an die Baustelle. Und am 23. Mai 1936 wurde der gesamte Autobahnabschnitt von München bis Samerberg mit regionalen Ausfahrten bei Weyarn, Irschenberg, Aibling und Rosenheim festlich eingeweiht.

Ebenso zügig vollzog sich die Umwandlung ehemaliger Sportstätten in militärische Einrichtungen. Die Aiblinger Motorradrennbahn wandelte man mit großem Aufwand in eine "SA-Kampfbahn" um. Sportplätze wie der von Feldkirchen wurden Austragungsorte militärischer Großübungen der SA. Und am 24. September 1936 begann der Ausbau des Sportflugplatzes

Die Partie an der Glonn: mit einer Flußregulierung setzte man in Bad Aibling 1956 der Hochwassergefahr ein Ende.

Westerfeld zu einem Fliegerhorst der Luftwaffe. Das gesamte Areal bei Mietraching wurde großflächig planiert; es entstanden Rollbahnen, Kasernen und Hangars (die Zerstörung eines prähistorischen Gräberfeldes nahm man dabei gelassen in Kauf). Am 25. April 1937 traf die Fliegerbesatzung ein und wurde mit einer düster-pathetischen Militärparade in der Aiblinger Kirchzeile empfangen. Zahlreiche Straßen erhielten zugleich Namen prominenter Militärs der Luftwaffe.

In Kolbermoor gestaltete sich der Aufschwung schwieriger. Das Tonwerk war 1928 zum dritten Mal abgebrannt. In der Spinnerei herrschte Kurzarbeit. Die Wohnungsnot stieg ins Unerträgliche. Die Gemeinde, bis zum Rande des Bankrotts verschuldet, vermochte es nicht einmal mehr, die Sozialleistungen für ihre Arbeitslosen zu erbringen. Und obwohl man auch hier nach der Machtergreifung pflichtschuldig ein paar Straßen umbenannte und Hitler zum Ehrenbürger machte, blieben die Sanierungsversuche der Nazis in der "roten Hochburg" halbherzig. Erst 1935 zeichnete sich eine Besserung des öffentlichen Haushalts ab; und trotz mehrerer Anträge auf Stadterhebung wurden dem Ort 1936 nur die Marktrechte zuerkannt.

Das Schicksalsjahr 1939 begann mit einer Verwaltungsreform: Aus dem Bezirk wurde am 1. Januar der Landkreis Aibling mit 22 Gemeinden von Feilnbach bis Hohenthann und von Helfendorf bis Kolbermoor. Der 50. Geburtstag Adolf Hitlers am 20. April wurde denn auch enthusiastisch gefeiert: alle Häuser und Geschäfte waren dekoriert, zur Festbeleuchtung kam der obligate Fackelzug, in Aibling brandete ein Meer von Hakenkreuzen. Die nächste Feier fand im Oktober statt: Mit Glockengeläut und allgemeiner Beflaggung bejubelte man den Sieg im Blitzkrieg gegen Polen (ein erstes Landwehrbataillon war bereits vierzehn Tage vorher, also unmittelbar nach Frankreichs Kriegserklärung, in Richtung Westgrenze aufgebrochen). Zugleich wurde der Duschlkeller vorsorglich in einen Luftschutzraum für 1200 Menschen umgewandelt. Der Krieg hatte die Bürger des Mangfalltales erneut eingeholt.

Und wieder einmal ging dem politischen Desaster eine Naturkatastrophe voraus. Schon 1937 hatte es in der Region Überschwemmungen gegeben. Der erste Kriegswinter war begleitet von Rekordschneefällen, einer Vereisung der Flüsse bis zum Grund und mehreren Orkanen. Doch am 28. Mai 1940 brach über das Mangfalltal die schlimmste Hochwasserkatastrophe seiner neueren Geschichte herein. Die Aiblinger Innenstadt glich einem reißenden Flußbett. In Kolbermoor ereignete sich ein Dammbruch, der den ganzen Ort unter Wasser setzte und die Straßen zum Teil metertief unterspülte.

Der 30. Juni brachte ein neues, rätselhaftes Unglück. In einer Holzlege an der Rückfront des historischen Bad Aiblinger Rathauses, eines kostbaren Barockbaus von 1765, war aus ungeklärten Gründen Feuer ausgebrochen. Der gesamte Dachstuhl wurde ein Raub der Flammen. Das Gebäude selbst blieb zwar verschont; auch das Inventar einschließlich aller Akten konnte gerettet werden. Dennoch wurde vom stramm nationalsozialistischen Bürgermeister August Bastianelli der Abbruch beschlossen und zugleich ein Nachbargrundstück für die Errichtung des offenbar schon längst gewünschten Neubaus erworben. Das Gerücht vorsätzlicher Brandstiftung machte darauf prompt die Runde.

Indessen besorgten französische Kriegsgefangene den Abriß des historischen Gemäuers. Und drei Aiblingerinnen, die mit den jungen Franzosen in Kontakt getreten waren, wurden zu drakonischen Zuchthausstrafen verurteilt. Noch demütigender geriet ihre Zurschaustellung auf dem Marienplatz, wo sie öffentlich als Huren angeprangert und ihnen in einer mittelalterlichen Zeremonie die Haare abgeschnitten wurden. Dafür gestaltete sich die Heimkehr des vermeintlich siegreichen Frankreich-Bataillons zum Triumphzug. Aber die Freude währte kurz. Schon ein paar Wochen später mußte die Truppe erneut ins Feld - diesmal nach Osten.

Zum populären Sympathieträger der militärischen NS-Bewegung wurde ein Aiblinger, dem unter Hitler eine steile Karriere glückte: General Eduard Dietl, der "Held von Narvik". Nach eigenem Bekunden ein "fanatischer Nationalsozialist der ersten Stunde", hatte er seine Laufbahn im I. Weltkrieg begonnen, beteiligte sich aktiv an der Zerschlagung der Räterepublik, avancierte 1923 zum SA-Ausbilder und erreichte noch vor der Machtergreifung den Rang eines Bataillonskommandeurs der Reichswehr. 1931 studierte er auf einer norwegischen Militärschule die Taktik des Gebirgskriegs - eine Ausbildung, die ihn für seine späteren Erfolge prädestinierte. 1938 hatte der enge Freund und Kampfgefährte des "Führers" bereits den Rang eines Generalmajors erreicht. Doch seine große Stunde schlug, als er 1940 mit seinen Truppen Narvik besetzte und als Kommandeur eines Gebirgsjägerkorps das Kriegsgeschehen an der finnisch-norwegischen Front bestimmte.

Der Mythos Dietls ist aus heutiger Sicht nur schwer erklärbar. Was machte einen NS-Agitator und blind ergebenen Gefolgsmann Hitlers so beliebt, daß man noch 1982 in Bad Aibling eine Straße nach ihm benannte? Seine militärischen Siege waren mit hohen Verlusten erkaufte Schein-Erfolge. Seinem volkstümlich schlichten Lebensstil stand ein fanatischer, menschenverachtender Durchhaltewille gegenüber. Vermutlich war es sein Talent, den naiv-liebenswürdigen Naturburschen hervorzukehren, das ihm die Zuneigung der Massen sicherte. Ganz anders als der Rosenheimer Hermann Göring mit seiner bombastischen Selbstinszenierung verkörperte Eduard Dietl eben jene bodenständige, gemütlich bayerische Spielart des Faschismus, die schon 1933 so manchen Gutgläubigen in den Bann der Nazis gezogen hatte.

Aibling wurde indessen einmal mehr zur Lazarettstadt. Schon vor Kriegsbeginn waren das Ludwigsbad, das Theresien- und Johannisbad sowie das Hotel Ghersburg zu diesem Zweck beschlagnahmt worden. Mit Beginn des Rußlandfeldzuges kamen

Die Aiblinger Kirchzeile vor fünfzig Jahren. Architektonisch hat sich wenig verändert; nur die autofreie Idylle hielt nicht stand.

vier weitere Kurheime dazu. Im Kriegsjahr 1944 war Bad Aibling mit über 1200 Verwundeten belegt. Die Zivilbevölkerung mußte sich derweil mit Lebensmittel-Rationierungen abfinden. Und obwohl sich die alliierten Luftangriffe vor allem auf den Eisenbahnknotenpunkt Rosenheim konzentrierten, zwangen die Kämpfe um den Aiblinger Fliegerhorst auch die Bewohner des Mangfalltales regelmäßig in die Luftschutzkeller.

Der Einzug der Sieger vollzog sich am 1. Mai 1945. Die Waffen-SS hatte bis zur letzten Minute vergeblich versucht, in Aibling und Kolbermoor den Volkssturm zu organisieren. Da rollten von München her die amerikanischen Panzer ein. Es gab zunächst kaum Anlaß, die GIs als Befreier zu empfangen. Denn als erstes wurden Hotels und Privathäuser als Quartiere beschlagnahmt. Kaum eines der besetzten Häuser blieb ungeplündert. Selbst die Lazarette wurden gewaltsam aufgelöst und die Verwundeten nach Mietraching überstellt. Dort hatten die amerikanischen Besatzungstruppen nämlich den Fliegerhorst innerhalb dreier Tage in eines der größten und berüchtigtsten alliierten Gefangenenlager verwandelt. Der ungeschützte Aufenthalt in dem mit Stacheldraht umzäunten Areal wurde für zweihunderttausend deutsche Wehrmachtsangehörige bei Regen, Schnee und Hitze zum Martyrium; und die Rache der Sieger nahm zeitweise gespenstische Züge an.

Zugleich hatte die Region ein Flüchtlingselend von bislang ungekanntem Ausmaß zu bestehen. 11 000 Vertriebene suchten im Mangfalltal Heimat und Zuflucht; allein 3 500 mußten in Bad Aibling aufgenommen werden. Die Kurheime wurden nach Freigabe durch die Amerikaner zu Notunterkünften. Im Ludwigsbad drängten sich unter unbeschreiblichen Bedingungen 700 Menschen. Und der Hungerwinter 1946/47 wurde auch für die ansässige Bevölkerung zum Kampf ums nackte Überleben.

Erst nach der Währungsreform stabilisierte sich die Lage. Die Gründung einer Aiblinger Wohnungsbau-Gesellschaft und die Ausweisung neuer Siedlungsgebiete in der Madau bei Willing halfen, die angespannte Wohnraumlage zu entlasten. Die ersten Kurhotels nahmen ihren Betrieb wieder auf. Und der ehemalige Filmregisseur Franz Osten versuchte als Kurdirektor erfolgreich eine rasche Wiederbelebung des Aiblinger Bäderwesens. Auch die Fabrikanlagen zwischen Kolbermoor und Bruckmühl begannen wieder mit der Produktion. Ein Anknüpfen an die "goldene" Zeit der Gründerjahre erschien plötzlich möglich.

Aber die Uhren ließen sich nicht zurückstellen. Während der folgenden Jahrzehnte verschwanden fast alle alten Industriebetriebe. Wo man einst Wolldecken webte, florieren mittlerweile Graphik-Studios und Fitness-Center. Pharmaziekonzerne haben Sägewerke und Chemiefabriken überflügelt. Längst verläßt sich keine Gemeinde mehr auf einen einzigen Wirtschaftszweig. Im Süden verschmolzen Dorfromantik, Bergtourismus, Moortherapie und Obstanbau zu einem breit gefächerten Erho-

Moderne Kurbetriebe wie die Kliniken Harthausen setzen mittlerweile auch architektonisch neue Standards für Bad Aibling.

Die Moortherapie blieb in den Kurorten Bad Aibling und Bad Feilnbach unverändert die wichtigste Behandlungsmethode.

lungsangebot: Bad Feilbach wandelte sich so zum zweiten großen Kurort der Region. Handel und Tourismus prägen im gesamten Mangfalltal die Wirtschaft. Das Bad Aiblinger Kurwesen wuchs auf jährlich über 500 000 Übernachtungen. Doch zugleich verlagerte es sich vom Ortszentrum in moderne, nach Harthausen abgerückte Großkliniken. Die klassische Moortherapie wurde erweitert durch ein breites Spektrum von Behandlungsmethoden. Und ein attraktives Freizeitangebot ergänzt auch hier längst jede medizinische Betreuung.

Entsprechend schuf sich Bad Aibling mit seiner Freizeitanlage ein weitläufiges Fitness-Areal. Das alte Kurhaus wurde 1967 durch einen Neubau ersetzt und fünfundzwanzig Jahre später zu einem Veranstaltungszentrum mit zwei Sälen, Restaurant und Haus des Gastes erweitert. Auch der Marienplatz erhielt ein neues Gesicht - wenn auch nicht unbedingt zu seinem Vorteil. Und mit der Errichtung eines Gymnasiums, einer Real- und einer Wirtschaftsschule erwarb sich Bad Aibling zusätzliche Qualitäten als Schulstadt.

Das Aiblinger Kurhaus mit seinen beiden Sälen, dem Brunnenhof und einem neu angelegten, eleganten Gartenrestaurant

Die Region an der Mangfall hat sich so in hundert Jahren zweimal dramatisch verändert. 1850 wurde aus dem alten Bauernland eines der großen Industriereviere Oberbayerns. 1950 verwandelte sich das Industrierevier zurück in eine halb urbane und halb bäuerliche Urlaubslandschaft. Dieser zweifache Wechsel ging nicht ohne Schmerzen und Verrenkungen vonstatten. So, wie die einst sorgsam regulierte Mangfall heute mit erheblichem Renaturierungsaufwand ihre Identität als Bergfluß wiederfinden soll - so müht sich in den Städten und Gemeinden eine Generation der Enkel, das zu bessern oder ganz zurückzunehmen, was die Generation der Väter stolz für ihre beste Leistung hielt.

Sehr vieles endete in diesen letzten vier Jahrzehnten - sogar das, was seit zwölfhundert Jahren festzustehen schien. Am 1. Juli 1972 nämlich zerrann ein letzter, alter Traum von Unabhängigkeit. Der von Kaiser Karl geformte, vom Prinzregenten Luitpold als Bezirk bestätigte und von den Nazis neu formierte Kreis Bad Aibling wurde eingemeindet in den Landkreis Rosenheim.

Eigenwillige Glaskonstruktionen machen das Kurhaus zu einer der modernsten Veranstaltungsstätten der Region.

Auf dem Weg zur Großstadt Mangfalltal?

Besiedlung war stets abhängig von zwei Bedingungen: Wasser und Straßen. Der Flußlauf der Mangfall und die parallelen Militär- und Handelswege machen so aus Aiblings Landschaft seit viertausend Jahren Siedlungsland. Dennoch bewahrte sich das Mangfalltal bis weit ins 19. Jahrhundert seine intakte Agrarstruktur mit Dörfern und Einzelhöfen zwischen Mooren, Weide-, Wald- und Anbauflächen. Erst die Industrie erzwang eine Siedlungspolitik, die sich ausufernd in die Fläche breitete. Die Eisenbahn mit ihren Stationen setzte dabei Schwerpunkte für jeden weiteren Zuzug. Die parallele Staatsstraße ermöglichte bequeme Mobilität zwischen den Orten. Und Hitlers Reichsautobahn machte das Mangfalltal 1936 zu einer der am besten erschlossenen Regionen Bayerns.

Dies schien zunächst ein unschätzbarer Wirtschaftsvorteil. So scheiterten Projekte, das sprunghaft wachsende Verkehrsaufkommen zu entzerren, noch in den sechziger Jahren am Widerstand der Geschäftswelt. Erst im letzten Viertel unseres Jahrhunderts wurden die Probleme offenkundig. Ein rapide kumulierender, weitgehend von der Schiene auf die Straße umverteilter Güterfernverkehr, die Fahrzeugströme in die bayerisch-österreichischen Urlaubsregionen, nach Italien und nach Südosteuropa, der alltägliche Berufsfluß zu den Arbeitszentren Rosenheim und München und zuletzt das innerörtliche Verkehrsaufkommen verdichteten sich zu einer Lawine, die Schnittstellen wie den Bad Aiblinger Marienplatz einer Frequenz von tausend Fahrzeugen pro Stunde aussetzte und so den Status eines Kurortes drastisch beeinträchtigte.

Zugleich hatte die Verkehrs-Anbindung einen zweiten und kaum minder dramatischen Effekt: Zahlreiche Beschäftigte des Münchner Wirtschaftsstandorts entdeckten das Mangfalltal mit seinem hohen Freizeitwert als günstiges Terrain für Zweitwohnsitze und das Eigenheim im Grünen. Auch diese Entwicklung wurde zunächst als Gewinn an Steuerkraft und Attraktivität bewertet, bis sich die Schattenseiten offenbarten. So verdoppelte sich trotz sinkender Geburtenrate die Bevölkerung in Kolbermoor zwischen 1950 und 1995 von 8 700 auf fast 16 000 Einwohner (der Zuzug von Gastarbeitern in den Jahren des "Wirtschaftswunders" spielte hier gleichfalls eine bedeutende Rolle). Bad Aiblings Bürgerschaft wuchs von 10 900 auf 15 400. Bruckmühl legte von 8 500 auf 14 700 Einwohner zu. Feldkirchen-Westerham steigerte sich besonders dramatisch von 4 500 auf fast 10 000, und Großkarolinenfeld verdreifachte beinahe seine Einwohnerzahl von 2 800 auf 6 400. Nur die ländlichen Gemeinden abseits der Ost-West-Verbindung konnten sich dem Sog halbwegs entziehen: So wuchs die Bevölkerung zwischen Tuntenhausen, Beyharting und Schönau in den letzten 45 Jahren um kaum mehr als 800. Und dem Kurort Bad Feilnbach gelang es, sich mit einem Wachstum um knapp 1 300 Menschen einiges von seiner Identität zu wahren (auch wenn hier Hotel- und Klinikbauten sowie eine boomende Geschäftswelt das Ortsbild veränderten).

Die Folgen des enormen Zuzugs jedenfalls sind nicht zu übersehen. Während die Landkarten der Fünfzigerjahre noch vereinzelte und kilometerweit getrennte Ortsgebiete zeigten, stellt sich das Mangfalltal heute entlang der Staatsstraße als eine schmale, doch in ihren Peripheriezonen weitgehend geschlossene Siedlungsfläche mit rund 60 000 Einwohnern (einschließlich Rosenheim sogar 120 000 Einwohnern) dar.

Läßt sich ein solches Großgebilde noch als ländliche Region begreifen? Oder zielt die Zukunft längst auf ein vollständiges Zusammenwachsen, eine Großstadt Mangfalltal mit 200 000 Einwohnern und einer konturlosen Peripherie von Schulen, Großmärkten, Gewerbegebieten, Tankstellen und Reihenhäusern? - Entsprechende Tendenzen sind kaum übersehbar. Doch die Politik ist sich des Risikos allmählich bewußt geworden. Auch die Bürger begrüßen das neue Einkaufszentrum am Ortsrand längst nicht mehr als Zugewinn. Einige Gemeinden erließen drastische Baubeschränkungen. Der Druck, die Zentren durch Umgehungsstraßen zu entlasten, wuchs und führte mittlerweile auch in Bad Aibling zu einer positiven Lösung. Pläne zum weiteren Ausbau des Fernstraßennetzes, etwa einer neuen Trasse der Bundesstraße 15 zwischen Bad Aibling und Kolbermoor, stießen auf massiven Widerstand der Bevölkerung und der Entscheidungsträger. Auch die Bemühung, den historischen Ortskernen durch Verkehrsberuhigung und fußgängerfreundliche Gestaltung ihre alte Qualität zurückzugeben, ist nicht mehr zu leugnen: Gerade alte Industriestandorte wie Bruckmühl und Kolbermoor zeigen sich dem Besucher heute als gepflegte, bürgernahe Wohn-, Kultur- und Einkaufsstätten.

Vor allem aber erweist sich die historisch gewachsene Ausrichtung der Siedlungsflächen entlang des Flusses mittlerweile auch als Chance der Region. Links und rechts von Bahn und Straße erstreckt sich nämlich immer noch intaktes, von Zuzügen, Industrialisierung und Verkehr weitgehend unbeschädigtes Bauernland. Man muß an keiner Stelle zwischen Kolbermoor und Westerham das Auto bemühen, um von städtischer Betriebsamkeit in einen der schönsten Naturräume Deutschlands überzuwechseln: ein Fahrrad oder zwei gesunde Füße genügen.

Eben diese Verbindung von urbaner Qualität und heiler Landschaft aber ist der größte Standortvorteil der Region. Touristik nämlich stellt längst differenziertere Forderungen als Beschaulichkeit, Gesundheitspflege und das Liedgut eines dörflichen Gesangvereins. Sie verlangt nach Erlebnis, nach Vielseitigkeit. Das Land unterm Wendelstein hat diesen Vorzug und weiß ihn zu nutzen. Doch zugleich gelang es ihm, auch seine Individualität und eigenständige Kultur zu wahren: einen bäuerlichen Charme, der anderen Orten auf dem Weg zur Großstadt längst verlorenging.

Der Anfang eines Flusses: aus der Nordspitze des Tegernsees bei Gmund entspringt die Mangfall (rechts die Ägidiuskirche).

Das Mangfalltal

Ein Spaziergang in Bildern

Von der Quelle bis zur Mündung - so soll nach dem Sprichwort eine Wanderung den Fluß entlang verlaufen. Aber die Mangfall hat keine Quelle. Indirekt gespeist durch Rottach, Weißach, Söllbach, Zeiselbach und Breitenbach entspringt sie aus der Nordspitze des Tegernsees bei Gmund. Allein ein Aussichtssteg markiert die Nahtstelle von See und Fluß. Deshalb soll dieser Steg der Anfang unserer Bilderreise sein.

An klaren Tagen hat man hier nach Süden einen hinreißend weiten Blick bis Rottach-Egern, auf den Wallberg und den Risserkogel, die Blauberge und den Guffert. Wir aber wenden uns dem Fluß entlang nordöstlich zum Wahrzeichen von Gmund, der St. Ägidius-Kirche. Der Graubündner Meister Lorenzo Sciasca hat sie 1688 errichtet - zeitgleich mit der Klosterkirche Weyarn, die als nächstes Ziel auf unserer Route liegt.

Die Mangfall fließt am Anfang ihres Weges noch in weit geschwungenen Mäandern. Und obwohl sie vom Gebirge wegströmt, gab sie einer der reizvollsten Bergregionen Bayerns ihren Namen. Die gesamte Alpenformation vom Hirschberg über Brecherspitz, Rotwand und Wendelstein bis hin zum Traithen und Brünnstein heißt: das Mangfallgebirge.

Das Mangfalltal hat viele Gesichter. Auf den ersten Kilometern bei Louisenthal ist der Fluß gesäumt von Papierfabriken, Elektrizitätswerken und Kläranlagen; eine kurze Strecke lang folgt auch das Asphaltband der Deutschen Alpenstraße seinem Ufer. Erst beim Müller am Baum, dem alten Grenzort der Gerichtsbezirke Tegernsee und Wolfratshausen, wird die Mangfall immer mehr zu einem Waldfluß mit reizvollen kleinen Wasserfällen. Südlich von Thalham nahe Gotzing mündet die Schlierach ein. Dann geht es vorbei am Taubenberg und Fentberg in Richtung Weyarn.

Hier hat sich der Fluß eine steil abfallende Schlucht in die Ebene geschnitten: einen Graben, der bei Mühltal von den turmhohen Pfeilern der Autobahnbrücke monströs durchstemmt wird. Entlang der Strecke finden sich teils neue, teils reizvoll historische Brunnenhäuser und Verteilerschächte, die Bayerns Landeshauptstadt München mit Trinkwasser versorgen. Bei der Maxlmühle und im Mangfallknie zwischen Valley und Altenburg verwandelt sich das Tal in eine überwältigende Naturkulisse.

Gesäumt von dicht bewaldeten Hängen kehrt die Mangfall bei Grub ihren Lauf in einer scharfen Doppelkrümmung von Nordwesten nach Südosten um. Auf dem dazwischenliegenden Bergsockel erheben sich die Keltenfestung Fentbach und die Birg, eine im Wald versteckte mittelalterliche Fluchtburg. Bei Feldkirchen öffnet sich das Tal dann unvermittelt in die Mangfallebene mit ihrem dichten Siedlungsband; während droben in den Hügeln die Bauernhöfe stolz und vereinzelt wie Schlösser zwischen den Feldern thronen.

Abendstimmung über Weyarn. Die Barockkirche des Augustiner-Chorherrenstifts birgt einige der schönsten Werke Ignaz Günthers.

In der ritterlichen Zeit der Falkensteiner erhob sich über den Hängen der Mangfallschlucht eine Burg mit Namen Wiare. Siboto II. von Neuburg-Falkenstein überschrieb diese Burg im Zuge eines Tauschgeschäftes 1133 an den Erzbischof Konrad von Salzburg. Und der gründete in dem Gemäuer ein Augustiner-Chorherrenstift.

Die heutige Anlage stammt aus dem 17. Jahrhundert, wobei der Dreißigjährige Krieg die Bauarbeiten mehrfach unterbrach. So konnte das Glanzstück des Klosters, seine Kirche St. Peter und Paul, erst 1687 begonnen werden. Dafür gewann man als Architekten einen Meister, der schon in der Münchner Theatinerkirche sein hohes Können bewiesen hatte: den Graubündner Lorenzo Sciasca. Seinen strahlenden barocken Glanz erhielt das Gotteshaus jedoch erst 1729, als Johann Baptist Zimmermann den Raum mit Fresken und Stukkaturen schmückte. Zwischen 1755 und 1765 endlich schuf der überragende Bildhauer des bayerischen Rokoko, Ignaz Günther, eine Reihe von Schnitzplastiken, die Weyarn seither zu einem Wallfahrtsort der Kunstgeschichte machen. Die drei berühmtesten Skulpturen - eine Verkündigungsgruppe, die Pietá und die "Maria vom Siege" - haben an Ausdruckskraft in Günthers Werk kaum ihresgleichen. Dennoch waren sie zunächst kein fester Bestandteil des sakralen Raums. Es handelte sich vielmehr um "Fercula": um Tragefiguren, die man auf Stangen geschultert bei der Prozession mitführte und die hier im Auftrag der Weyarner Rosenkranz-Bruderschaft entstanden.

Von Ignaz Günther stammt auch ein ebenso kostbarer wie makabrer Schrein am Pfeiler gegenüber der Kanzel. Die Gebeine des römischen Märtyrers Valerius sind dort in einem Glassarg aufgebahrt - verhüllt von einem transparenten Schleier und besteckt mit kostbaren Gewirken aus Perlen, Gold und farbigen Steinen.

Der Klosterhof an der Südfront der Kirche ist eingerahmt von zwei kleineren Gotteshäusern: der Mariä-Hilf-Kapelle und der Jakobskirche, in deren Mauern sich vormals die Falkensteiner Burgkapelle befand.

Der Seehamer See hat zwei Gesichter: als romantisch von Wäldern gerahmter Badeplatz und als Staubecken des Leitzachwerks.

Im Winkel des Mangfallknies zwischen Weyarn und Vagen liegt einer der beliebten bayerischen Surf- und Badeseen: der Seehamer See. Sein Ostufer berührt fast die Autobahn München-Salzburg. Und so finden sich hier ausgedehnte Campingplätze, während es am reich bewaldeten Süd- und Westufer immer noch naturnah und beschaulich zugeht. Aber der Schein trügt. Der einstige Ostersee hat nicht nur seinen Namen gewechselt. Er dient seit 1913 als riesiges Staubecken, das über ausgedehnte Stollensysteme die Zuflüsse von Leitzach, Schlierach und Mangfall aufnimmt und damit die Generatoren des Leitzachwerks bei Vagen treibt. Das natürliche Gefälle macht es dabei möglich, daß am Oberlauf der Mangfall nahe dem "Müller am Baum" Wasser entnommen wird und ohne aufwendige Pumpstationen durch den See zum Kraftwerk und zurück in den Unterlauf des Flusses zwischen Feldolling und Bruckmühl gelangt. Die Fließstrecke verkürzt sich dabei gegenüber dem natürlichen Verlauf um mehr als die Hälfte und vervielfacht so die Energieausbeute.

Für Radler und Touristen gibt es eine angenehm energiesparende Verbindung zwischen Ober- und Unterlauf der Mangfall. Von Thalham führt ein stark abschüssiger Radwanderweg über Reichersdorf am Seehamer See vorbei bis nach Holzolling und schließlich nach Feldkirchen-Westerham.

Diese Doppelgemeinde bestand ursprünglich aus zwei getrennten Dörfern, von denen Feldkirchen mit seiner Laurentiuskirche seit 795 urkundlich belegt ist. Der Ort, der wohl auf eine spätrömische Gründung zurückgeht, erlangte zunächst als Umschlagplatz des Salzhandels Bedeutung. Eine zweite Karriere machte Feldkirchen nach 1945, als zahlreiche Münchner und "Zuagroaste" die Hügel längs des Mangfalltals als Wohngegend entdeckten. Innerhalb weniger Jahrzehnte verdoppelte sich die Einwohnerzahl auf fast zehntausend Bürger. Firmen siedelten sich an. Sogar der Industrie- und Handelskammer erschien Feldkirchen-Westerham attraktiv genug für ein weitläufiges Konferenz- und Schulungszentrum. Und mittlerweile erhöht auch ein Golfplatz die Lebensqualität in der Gemeinde.

Am Mangfallknie im Westen von Feldkirchen liegt Schloß Altenburg. Anstelle der mittelalterlichen Festung, die dem Ort den Namen gab, erhebt sich heute in einem gepflegten Park ein Renaissancebau aus dem 16. Jahrhundert. Vier Flügel umschließen den reizvollen Innenhof. Und obwohl die Anlage im 18. und 19. Jhdt. mehrfach verändert wurde, blieb ihr Burgcharakter klar gewahrt.

Schloß Höhenrain erhebt sich auf einem Hügelzug nordöstlich von Feldkirchen. Die Anlage entstand 1545 auf den Fundamenten der mittelalterlichen Stammburg der Höhenrainer. 1725 erhielt sie unter Johann Georg Messerer ihre bis heute sichtbare Barockgestalt. Der Rittersaal des Schlosses ist geschmückt mit eleganten Stukkaturen Johann Baptist Zimmermanns.

Aus zwei Orten an der Mangfall wuchs Feldkirchen-Westerham zusammen. Der neue Dorfplatz an der Laurentiuskirche vereint bayerische Gemütlichkeit mit der Weite einer südländischen Plaza.

Eine der landschaftlich schönsten Strecken der Autobahn München-Salzburg: die Abfahrt vom Irschenberg ins Mangfalltal

Eine Autoschnellstraße zwischen München und Salzburg wurde schon seit 1930 vielfach diskutiert und auch geplant. Doch erst die Nationalsozialisten trieben die Verwirklichung der Reichsautobahn als Prestigeobjekt der neuen Führung energisch voran. Schon wenige Monate nach der Machtergreifung wurde mit dem Bau begonnen. Doch ob es sich dabei um eine reine Arbeitsbeschaffungs-Maßnahme, ein ziviles Verkehrsprojekt oder eine militärische Aufmarschtrasse handelte, ist bis heute umstritten.

Jedenfalls veränderte die Autobahn das Gesicht der Mangfalltaler Landschaft gründlich. Ganze Moorgebiete wurden entwässert, Hügel planiert, gigantische Wälle aufgeschüttet, Äkker zerschnitten, Straßen umgeleitet oder überbrückt und Dorfgemeinschaften für immer getrennt - ein Schicksal, das die Bevölkerung damals noch völlig unvorbereitet traf. Doch auch die zukünftigen Folgen eines solchen Verkehrswegs waren in keiner Hinsicht abzuschätzen. Der Naturschutz stand kaum in seinen Anfängen. Und die Fahrzeugdichte blieb in den ersten Jahren so absurd gering, daß das verwaiste Betonband trotz Verbotes vor allem Wanderern und Radlern sowie im Winter den Schulkindern mit ihren Schlitten zum Vergnügen diente.

Heute führt die auf sechs Spuren ausgebaute Strecke alljährlich Millionen von Reisenden durch eine der schönsten Gegenden des Voralpenlandes - oder läßt sie dort in der berüchtigten Stauzone zwischen Irschenberg und Inntaldreieck für Stunden unfreiwillig rasten. Die Autobahn wurde zugleich zu einem bedeutenden Wirtschaftsfaktor. Sie degradierte die einst stolze Maximiliansbahn zwischen Holzkirchen und Rosenheim zur unrentablen Nebenstrecke und machte die vorher abgeschiedene Region zu einem Wohnvorort der Landeshauptstadt München. Sie ermöglichte den Aufschwung des Chiemgaus und Mangfallgaus zu einer der meistbesuchten Urlaubslandschaften Bayerns. Doch sie nahm dieser Landschaft zugleich für immer den Charme ihrer Unberührtheit. Die Idylle, die einst Künstler wie Wilhelm Leibl hierher zog, ging mit dem Bau der Autobahn zugrunde.

Barocker Blickfang am Rande der Autobahn: die Wallfahrtskirche Wilparting vor der Traumkulisse der bayerischen Voralpen

Mit Gehöft und Kirche von Wilparting verbindet sich eine der populärsten bayerischen Heiligenlegenden. Laut frommer Überlieferung brachten einst zwei irisch-schottische Mönche das Christentum ins Land an der Mangfall: der Bischof Marinus und sein Diakon und Neffe Anianus. Vierzig Jahre lebten beide gottgefällig in einer Einsiedelei am Irschenberg, predigten und gründeten Pfarreien, bis anno 697 wendische Krieger eindrangen, Marinus in seiner Klause überfielen, den Widerstrebenden auf einen Holzstoß vor der Hütte zerrten und lebendig verbrannten. Anianus aber, der gerade auf einem Missionsgang jenseits des Tales weilte, soll im Augenblick des Mordes an seinem Gefährten gleichfalls tot zu Boden gesunken sein - so stark war das Band des Glaubens und der Liebe zwischen den zwei Gottesmännern.

Von der gotischen Kirche, die um 1373 am Ort der Bluttat errichtet wurde, blieben nur ein paar Wandpfeiler und zwei Sandstein-Reliefs der alten Grablege erhalten. Die heutige Kirche sowie die Kapelle, die sich anstelle der Einsiedelei erhebt, wurden zum Tausend-Jahr-Gedächtnis 1697 errichtet. Baumeister war der Hausstätter Meister Johann Mayr d. Ä. aus Feilnbach; einen Zyklus breitformatiger Gemälde mit Szenen aus dem Leben der beiden Heiligen schuf 1728 der Aiblinger Künstler Johann Blasius Vicelli. Doch erst Joseph Martin Heigls Deckenfresken von 1759 verliehen der frommen Legende bildnerische Kraft und Leidenschaft. Die Gebeine der beiden Märtyrer, die zunächst in Au bestattet lagen, wurden 1723 nach Freising überführt, geprüft und für echt befunden. Heute ruhen sie einträchtig in einem Marmorhochgrab in der Wilpartinger Kirche.

Marinus und Anianus waren als Ahnherren des Christentums im Alpenvorland stets ein besonderes Ziel der Volksfrömmigkeit. Nicht nur die Stätte ihres Wirkens wurde zum vielbesuchten Wallfahrtsort. Auch ihre Namen werden von der bäuerlichen Bevölkerung des Mangfalltals bis heute in Ehren gehalten. Wohl nirgends sonst begegnet man den Vornamen Marinus und Anian so häufig wie am Irschenberg, in Miesbach, Au und Feilnbach und im Aiblinger Land.

Blühende Wiesen und Obstbäume - der Frühling verzaubert die Kapelle von Mittenkirchen bei Westerham in eine Märchenszenerie.

Hausschmuck in Ginsham. Holzbalkone mit reichem Blumendekor gehören zum typischen Bild vieler Mangfalltaler Häuser.

Die Gegend um Feldkirchen und Bruckmühl ist seit urdenklichen Zeiten Bauernland. So blieb in Dörfern wie Hornau und Ginsham auch das alte bäuerliche Handwerk ungebrochen lebendig. Jedoch die Gegend um Feldkirchen ist auch Schlösserland. Im Westen erhebt sich hoch über der Mangfall die Altenburg; im Norden liegt auf einem Hügel zwischen Obstbäumen versteckt Schloß Höhenrain. Im Süden öffnet Maxhofen seine barocken Gartenanlagen. Und jenseits des Flusses umgeben alte Baumbestände Park und Schloß von Vagen.

Einst stand hier auf einem Hang die Neuburg, der Stammsitz der Grafen von Neuburg-Falkenstein. Das heutige Schloß ließ sich der Valleyer Gerichtspfleger Franz Anton Vogt um 1750 erbauen. 1872 wurde die Fassade im Geschmack des Historismus umgestaltet. Aber auch die nachempfundene Renaissance, mit der sich Schloß Vagen heute schmückt, stört nicht den Charme einer besonders glücklichen, harmonischen Verbindung von Natur und Baukunst.

Ein Zimmermann aus Ginsham kehlt Schmuckformen ins Gebälk eines künftigen Bauernhauses.
Folgende Doppelseite: Schloß und Park von Vagen

Die "Mühle zu Prugg" ist längst verschwunden. Doch ein zum Denkmal umgewandeltes Mühlrad erinnert in Bruckmühl noch immer an die Herkunft des Ortes.

Kaum ein Dorf im Mangfalltal veränderte sich so abrupt wie Bruckmühl. Das Siedlungszentrum der Region war zunächst Kirchdorf am Haunpold mit den benachbarten Straßendörfern Sonnenwiechs und Noderwiechs. Im Südwesten nahe Bergham erhob sich die Burg des Edelgeschlechts der Holensteiner. Aber an der hölzernen Mangfallbrücke, die Kirchdorf mit Vagen verband, stand über Jahrhunderte allein die "Mühle zu Prugg" oder schlicht die "Prugkmül".

Bis 1850 blieb der Ort ein Weiler von drei Häusern. Doch dann brach mit dem Bau der Maximiliansbahn ein Welle der Industrialisierung über das Idyll herein. Die Mangfall und ihr Triftkanal wurden als Energieträger entdeckt. Die Mühle verschwand. Papier-, Parkett-, Marmor-, Chemie- und Textilfabriken wuchsen aus dem Boden, Arbeitersiedlungen wurden errichtet. Und erst 1925 erhielt das mitten in die freie Landschaft gesetzte Industrierevier mit der barock inspirierten Herz-Jesu-Kirche einen optischen Orientierungspunkt, eine Art dörfliches Zentrum.

Dennoch dauerte es bis 1938, ehe sich auch die Verwaltung der Veränderung der Lage anbequemte. Die getrennten Siedlungsteile links und rechts des Flusses, die bislang den Gemeinden Kirchdorf und Götting angegliedert waren, wurden in dem Ort Bruckmühl vereinigt. 1949 ging auch der Sitz der Gemeinde von Kirchdorf auf die neue Siedlung über. 1964 schließlich wurde Bruckmühl zum Markt erhoben.

Der Ort blieb bis heute industriell geprägt; auch wenn sich der Schwerpunkt längst auf neue Wirtschaftszweige, darunter vor allem einen bedeutenden pharmazeutischen Betrieb, verlagerte. Dennoch hat Bruckmühl das triste Bild eines Industriereviers weitgehend abgestreift. Der Tourismus wurde auch hier zu einer wichtigen Einnahmequelle. Und mit der Stiftung einer Gemeindegalerie des 20. Jahrhunderts, deren Ausstellungen rasch überregionales Ansehen errangen, verwandelte sich die Arbeitersiedlung in ein attraktives Forum aktueller Kunst im Mangfalltal.

Auch in Peter Schwenks Metallskulptur ist das Mühlrad gegenwärtig. Der Industriestandort Bruckmühl gilt heute als ein attraktiver Ausstellungsort moderner Kunst.

Kinderleben wie im Paradies. - Das "Schlößl" in Kirchdorf am Haunpold wurde 1791 von einem wohlhabenden Tafernwirt errichtet und 1822 mit einer eigenen Kapelle geschmückt.

Götting hat unter allen Mangfalldörfern die reichste Vergangenheit. Von Steinwerkzeugen über Römerhelme bis zu fränkischen Waffen reicht die Reihe der Funde. Die romanisch-gotische St. Michaelskirche wurde 1725 von Wolfgang Dinzenhofer barock umgestaltet.

Der barocke Ehrenhof von Schloß Maxhofen öffnet sich nach Südosten in einen Englischen Garten mit Brunnen und alten Bäumen.

Kirchdorf am Haunpold zählt zu den ältesten und geschichtsträchtigsten Orten im Mangfalltal. Mit seiner St. Vigilius-Kirche besitzt es zudem eines der größten spätgotischen Gotteshäuser der Region. Hans Holensteiner ließ es 1470 errichten; und sein Epitaph unter der Kanzel zeigt ihn bis heute als Ritter in prunkvoller adeliger Rüstung. 1697 erhielt die Kirche eine barocke Innenausstattung. Doch im 19. Jahrhundert stellte man die gotische Gestalt nach Kräften wieder her. Auch die kostbaren originalen Schnitzfiguren aus dem 15. und 16. Jahrhundert schmücken seitdem wieder die Altäre.

Im Westen Kirchdorfs verbirgt sich hinter Alleebäumen und Gartenmauern eine der liebenswürdigsten Kunstleistungen des ländlichen Barock im Mangfalltal: Maxhofen. Als Schloß Ainhofen und Sitz eines gleichnamigen Adelsgeschlechtes erscheint es 1513 erstmals in den Urkunden. Aber als der Hohenaschauer Graf Maximilian von Preysing 1683 das Gebäude erwarb, zur Hofmark machte und von Grund auf umgestalten ließ, gab er ihm den eigenen Vornamen mit drein und nannte es hinfort Maxhofen (das benachbarte Bauerngut trägt allerdings bis heute die Bezeichnung "Beim Ainhofer").

Die Baugeschichte des Schlößchens war damit jedoch nicht abgeschlossen. Im 18. Jahrhundert verwandelten zwei Seitengebäude den barocken Park in einen Ehrenhof, wobei sich die Architektur am Stil der Orangerien jener Tage orientierte. 1772 ging die Anlage dann in Besitz der Grafen Tattenbach auf Maxlrain über. Die Gebäude verfielen und wurden teilweise sogar abgebrochen. Erst die Grafen Arco-Valley und Lerchenfeld-Köfering ließen Maxhofen als Jagdschloß instandsetzen und möblieren. Auch die Seitengebäude wurden erneuert. Doch während der Garten im Ehrenhof seine barocke, geometrische Gestalt bewahrte, verwandelten Landschaftsgärtner den Schloßpark in einen Englischen Garten mit Rasenflächen, einer Brunnenanlage, einem Bach und weitläufigen Baumbeständen.

Im zwanzigsten Jahrhundert gelangte Maxhofen in die Hände öffentlicher Institutionen. Eine Zeit lang diente es als Altenhort, ehe es als Schullandheim seine vorerst letzte Bestimmung fand. Im Inneren erinnert denn auch wenig mehr an die Geschichte des Hauses. Einzig der kleine Rokoko-Schloßsaal mit seinen Ahnenbildnissen und Stukkaturen bewahrt einen Abglanz alter Zeit.

Im Schatten des Turmes der Höglinger Dorfkirche St. Martin läßt sich das Leben noch beschaulich genießen.

Würde und Anmut - die gotischen Fresken von Högling zeugen vom christlichen Ideal des Mittelalters.

Wer sich dem Mangfalltal von Westen mit dem Auto nähert, erlebt die Veränderung der Landschaft hautnah. Rings um Feldkirchen ist noch Bergland: Steigungen, Gefällestrecken, Kurven. Doch dann öffnet sich der Blick ins Weite. Eine Ebene, so flach wie mit dem Lineal geschlichtet, breitet sich nach Osten bis zum Horizont und wird im Süden vom berühmten Alpenpanorama mit dem Wendelstein begrenzt. Auf halber Höhe eines Moränenhügels lädt der "Große Wirt" zum Rasten und Genießen ein - ein altes Tafernwirtshaus, das zugleich dem Aussichtspunkt über dem Tal den Namen gab. Dann führt die Staatsstraße fast schnurgerade nach Bad Aibling.

Kaum minder schnurgerade dürfte hier - von Helfendorf über Wertach und Kirchdorf auf den Inn hinzielend - einst die Römerstraße in das Mangfalltal gemündet sein. Doch ihre letzte Spur verliert sich bei Percha im Feldkirchener Norden. Einzig der Verlauf der mittelalterlichen Salzstraße, die ihren Weg von Reichenhall und Rosenheim über Feldkirchen nahm, läßt sich anhand typischer Ortsnamen wie "Am Saum" und "Leiten" bis heute mühelos verfolgen.

Petri Heil! - Wo noch vor wenigen Jahrzehnten Wiesen waren, erstreckt sich heute zwischen Kirchdorf und Högling ein knapp kilometergroßer See. Ein faszinierend widersprüchliches Panorama: halb Natur-, halb Mondlandschaft, mit den zwei Weihenlindener Türmen als fast surrealem Blickfang. Die Angler aber interessiert vor allem der Fischreichtum des sorgfältig renaturierten Gewässers.

Eine der Stationen dieser Salzstraße war Högling. Und die über tausend Jahre alte Gerichtslinde des Dorfes erinnert nicht minder an seine reiche Vergangenheit wie die St. Martins-Kirche. Es ist eines der am reinsten erhaltenen gotischen Gotteshäuser der Region. Der wuchtige, ein wenig überdimensionierte Turm und das gedrungene Langhaus verleihen dem um 1300 errichteten Bau das Aussehen einer kleinen Festung. Doch das Wunder des vermeintlich kargen Innenraumes erschloß sich 1964, als im Chorraum gotische Fresken hoher Qualität gefunden wurden. Die um 1420 entstandenen Gemälde zeigen - überkrönt von einer Darstellung der Anna Selbdritt - die zwei Bischöfe St. Wolfgang und St. Bonifatius; beide in einer Haltung jugendlicher Anmut, wie sie nur die besten Maler jener Epoche ihren Bildnissen verleihen konnten. Als Schöpfer der Höglinger Fresken wird deshalb der Münchner Meister Ott vermutet.

Zwischen Kirchdorf und Högling lagen noch vor wenigen Jahrzehnten Wiesen und Felder. Heute erstreckt sich dort ein See. Die mächtigen Kieslager, die Gletscher und Fluß im Mangfallbecken hinterließen, werden nämlich mittlerweile systematisch abgebaut.

Jedoch der massive Eingriff gereicht hier der Landschaft ausnahmsweise zum Nutzen. Die ausgebaggerten Bereiche wurden renaturiert und stellen sich inzwischen als großräumiges Biotop dar: ein Brutplatz für zahlreiche Schilf- und Wasservögel und ein Fischrevier, das den "Höglinger See" zum Paradies für Angler macht. Auch Badeplätze wurden vereinzelt ausgewiesen. Dennoch hat es die Gemeinde bislang verstanden, alle Versuche einer touristischen Ausbeutung abzuwehren.

Die Wallfahrtskirche Weihenlinden nahe Högling - eines der kostbarsten Zeugnisse barocker Frömmigkeit im Mangfalltal

Die Anfänge der Wallfahrt Weihenlinden reichen weit zurück in vorchristliche Zeit. Vermutlich befand sich hier ein Baum- und Quellenheiligtum der germanischen Göttin Freia. Das Volksmärchen berichtet zudem von drei vornehmen Männern, die im "Weichlindengarten" begraben seien - wohl ein Hinweis auf die zahlreich in der Region verstreuten Gräberfelder.

Die Marienverehrung, die den Ort zur christlichen Kultstätte machte, trat dagegen spät auf. Nach zeitgenössischen Berichten war eine Marienfigur in der Höglinger Kirche von der Wand gestürzt, ohne Schaden zu nehmen. Dieses Bildnis verbrachte man zunächst in eine Martersäule unter den geweihten Linden. Schließlich führte ein Gelübde der Höglinger Bürger angesichts der Schwedeneinfälle von 1632 zur Errichtung einer Kapelle.

Um diesen eher nüchternen Vorgang rankte nun der mit dem Bau betraute Maurermeister Hanns Zächerl eine phantastische Legende. Er habe an der Baustelle einen Brunnen gegraben. Dabei sei er auf menschliche Gebeine gestoßen. Anderntags habe ein Bauernmädchen an den Knochenfingern einen kostbaren Ring entdeckt. Zudem seien drei fremdartige, rot vermummte Pilger an der Baustelle erschienen. Und das endlich freigelegte Brunnenwasser habe sich sogleich als heilkräftig erwiesen.

Eine kirchliche Untersuchung entlarvte die Geschichte rasch als blühende Erfindung des Maurers und eines geschäftstüchtigen Höglinger Gastwirts. Doch inzwischen blühte rings um den vermeintlichen Gnadenort auch eine Wallfahrt mit zahlreichen Wunderheilungen. So nutzte der Weyarner Probst Valentin Steyrer die Gunst der Stunde und ließ 1652 einen Kirchenbau errichten, in den all die disparaten Elemente der Legende - die drei Männer, das Quellheiligtum, der Ringfund und das Marienwunder - architektonisch einbezogen wurden. Die Pläne entwarf Steyrer selbst, wobei ihm vermutlich die Basilika von Fischbachau als Vorbild diente.

Das Gebäude steht als kunsthistorische Einmaligkeit in der bayerischen Landschaft: eine scheinbar fünfschiffige, pseudoromanische Basilika mit mächtigem Westwerk und flankierenden Treppentürmchen - überkrönt von zwei barocken Zwie-

Drei identische bärtige Männer versinnbildlichen auf dem Weihenlindener Hochaltar das Geheimnis der Dreifaltigkeit.

beln. Beim Betreten erweisen sich die beiden Außenschiffe dann als Wandelgänge, so daß sich das eigentliche Langhaus dreischiffig darstellt. Der Raum wird beherrscht von einem riesigen Altar, in dessen Inneren sich die Gnadenkapelle mit dem wundertätigen Madonnenbild befindet. Der kreisförmige Grundriß der Kapelle knüpft an den Ringfund an, während im Obergeschoß des Altars eine Darstellung der Trinität in Gestalt dreier identischer Männer den zweiten Mythos des Ortes weiterspinnt. An der Nordseite ergänzt eine Brunnenkapelle das Ensemble, in der ein Engelskopf das Wasser der heilkräftigen Quelle spendet. Ein im Umriß einer Linde gestaltetes Holzgemälde zeigt die Madonna, die Dreifaltigkeit sowie in Medaillons die Wirkungen des Brunnenwassers.

Die Weihenlindener Kirche bietet übrigens noch eine weitere Besonderheit. Durch einen halbversteckten Eingang im Altar des rechten Seitenschiffes gelangt man in ein "Heiliges Grab": einen fast lichtlosen Raum, in dem eine lebensgroße Figur des nackten Leichnams Jesu makaber aufgebahrt ist.

In den Wandelgängen geben ein altes Bußkreuz und ein Zyklus historischer Votivbilder Einblicke in bayerische Geschichte und Volksfrömmigkeit.

Renaissancestuck und die Pracht des höfischen Frühbarock prägen den Raumeindruck der Wallfahrtskirche Tuntenhausen.

Fünf Kilometer nordöstlich von Weihenlinden liegt die zweite große Wallfahrt des Aiblinger Landes und zugleich eine der berühmtesten in Bayern: Tuntenhausen. Spätestens seit 1350 ist der Ort als Gnadenstätte bekannt. Um 1480 wich das romanische Kirchlein einer gotischen Basilika mit eigenwilligem Doppelturm. Nachdem diese Basilika 1584 schwere Brandschäden erlitten hatte, beschloß Kurfürst Maximilian 1627 einen Neubau. Das Gebäude wurde abgerissen bis auf den markanten Turm sowie den Chorraum, dessen gotische Halbkuppel sich nun wie ein Baldachin über dem Hochaltar mit dem Gnadenbild der Muttergottes wölbt.

Rings um diesen Baldachin ließ der Münchner Baumeister Valentin Schmidt einen Prozessionsumgang errichten, der unmittelbar in die Seitenschiffe des Langhauses übergeht. Die Architektur blieb dabei weitgehend dem gotischen Ideal verpflichtet. Doch die Ausgestaltung entsprach schon dem Geschmack der Renaissance und des Frühbarock. Die selben Künstler, die der Münchner Residenz und dem Schleißheimer Alten Schloß ihr Gepräge gaben, überzogen Säulen und Gewölbe der Basilika mit Stukkaturen - den wohl schönsten Meisterwerken bayerischer Renaissance im Süden Münchens. Der Gnadenaltar selber ist bekrönt von den Wappen der beiden Stifter Kurfürst Maximilian I. und Elisabeth von Lothringen.

Vorausgehende Seite: Das Wahrzeichen von Tuntenhausen ist der weithin sichtbare Doppelturm der Basilika.

Auch die Ausstattung der Kirche bezeugt eine imperiale Baugesinnung: Zahlreiche goldgefaßte Skulpturen schmücken Altäre und Mauernischen. Die Kanzel zählt zu den besten Leistungen frühbarocker Schnitzkunst in Altbayern. Und die Empore bietet einen Orgelprospekt, der an gestalterischer Pracht dem Hochaltar kaum nachsteht.

Eine Ahnung von der ursprünglichen Architektur vermittelt die Turmkapelle, deren Netzrippen-Gewölbe mit 42 figuralen Schlußsteinen zu den Raritäten bayerischer Gotik zählt. Berühmt jedoch wurde Tuntenhausen vor allem durch zahlreiche Votivgaben, die als Summe eine Kulturgeschichte bayerischen Lebens vom Spätmittelalter bis in unsere Tage bieten.

Wie ein Firmament christlichen Glaubens wirken die figuralen Schlußsteine im Gewölbe der gotischen Turmkapelle.

Barocke Lust am Theatralischen: St. Joseph mit dem Kind

Votivtafeln zählen zu Tuntenhausens größten Schätzen.

Barocke Klosterbaukunst in Beyharting: Klarheit statt Prunk

Im Kirchenschiff sind Frühbarock und zartes Rokoko vereint.

Adam und Eva treten vor das jüngste Gericht (Fresko von 1565)

Die Region um Tuntenhausen zählt seit tausend Jahren zu den Zentren bayerischer Volksfrömmigkeit. So erinnern Dorf und Kirche des Nachbarortes Jakobsberg an die Pilgerfahrten nach Santiago de Compostela und die regionalen Jakobsbruderschaften, die vor allem von den Falkensteinern gefördert wurden.

Den bedeutendsten Einfluß auf Geschichte und Kultur des Mangfallraumes aber nahm ein Orden, der von Salzburg aus die klösterliche Reformbewegung nach Oberbayern trug: Die Augustiner Chorherren. Tegernseer Traditionsbücher erwähnen den Ort Beyharting seit 1092. Schon 1130 wurde dort durch den Salzburger Suffraganbischof Roman I. von Gurk das Chorherrenstift geweiht. Ein Dokument des 14. Jahrhunderts berichtet, eine adelige Witwe namens Jutta oder Juditha habe gemeinsam mit ihren Brüdern Megingoz und Gebolf den Bau durch eine Schenkung ermöglicht. Und die spätgotische Grabplatte mit dem Bildnis der Stifterin ist denn auch bis heute an der Nordwand der Vorhalle zu sehen.

Dennoch könnte diese Zuschreibung legendenhafte Züge tragen. Die Stiftung steht nämlich in einer Reihe mit zahlreichen

Malerische Kulisse vor den Alpen und Pilgerstätte des alten Jakobskultes: Dorf und Kirchlein von Jakobsberg bei Tuntenhausen

Klostergründungen der Augustiner, darunter Herrenchiemsee, Höglwörth und Weyarn, und diente einer innerkirchlichen Neuorientierung im Gefolge der Lateransynode von 1059. Das aber heißt zugleich: sie folgte einer Politik, die vom Salzburger Erzbischof Konrad I. planmäßig in der gesamten Region betrieben wurde.

Der ursprüngliche Beyhartinger Kirchenbau, Johannes dem Täufer geweiht, war eine romanische Basilika; daneben lag ein kleiner Klostertrakt mit einem Kreuzgang, dessen Fenster die rundbogige Form bis heute bewahren. Doch bereits im 15. Jahrhundert wurde das Kloster erweitert. Der Kreuzgang erhielt gotische Netzrippen eingezogen. 1565 wurde mit der bildnerischen Ausgestaltung durch einen umlaufenden Freskenzyklus zum Leben Jesu und zum Jüngsten Gericht begonnen. 1630 entstand das in seinem Stil der Renaissance verpflichtete kostbare Chorgestühl. Und 1668, zwanzig Jahre nach der Plünderung durch die Schweden, baute der Münchner Hofarchitekt Konstantin Pader die Kirche im Auftrag des Beyhartinger Propstes Christian Scheuchenstuel zum einschiffigen barocken Saalbau um. Auch die Altäre mit Gemälden des Münchner Hofmalers Antonio Triva entstanden im Zug dieser Neugestaltung.

Zur 600-Jahr-Feier 1730 wurde schließlich unter Leitung Johann Baptist Zimmermanns ein luftig eleganter Rokokostuck eingezogen und die Kirchenwölbung mit Fresken aus dem Leben der drei Kirchenpatrone Judith, Johannes der Täufer und St. Augustinus geschmückt. Auch die Rokoko-Gestaltung des Kapitelsaales zählt zu den Meisterwerken Johann Baptist Zimmermanns.

Die Beyhartinger Anlage präsentiert sich so als Dokument einer sechshundertjährigen Baugeschichte, in der alle Kunststile von der Romanik bis zum Spätbarock wie selbstverständlich in Beziehung stehen. Zugleich ist Kloster Beyharting eine der herausragenden historischen Gedächtnisstätten der Region. Denn zahlreiche Grabsteine belegen, daß die Kirche zwischen 1423 und 1752 einem der einflußreichsten bayerischen Adelsgeschlechter als Grablege diente: den Grafen von Maxlrain, die 1516 die Grafschaft Waldeck miterwarben und 1548 durch Kaiser Karl V. zu Reichsfreiherren erhoben wurden.

Eine Burg bestand in Maxlrain bereits zur Zeit der Karolinger. Das heutige Renaissanceschloß wurde zwischen 1582 und 1585 durch Wolf Wilhelm von Maxlrain errichtet. Mit seinem strengen kubischen Baukörper und den wuchtigen Ecktürmen zählt es zu den markantesten Schloßanlagen im Südosten Bayerns.

Längst kein Geheimtip mehr: die Maxlrainer Schloßwirtschaft.

Seit 1636 wird hier gebraut - und im Biergarten ausgeschenkt.

Erst aus der Luft erschließt sich die Größe des Maxlrainer Schlosses mit seinen im 18. und 19. Jahrhundert angebauten Flügeln und den weitläufigen Gartenanlagen.
Folgende Doppelseite: Der 18-Loch-Golfplatz von Maxlrain entstand im malerischen Gelände des ehemaligen Schloßparks.

Gigantischen Golfbällen ähneln die Antennenkuppeln der amerikanischen Militärfunkstation bei Mietraching.

Wie Högling liegt auch Mietraching an der alten Salzstraße von Reichenhall nach München. Doch die Geschichte des Ortes reicht weiter. Eines der umfangreichsten Gräberfelder der Region bezeugt eine Besiedelung bis tief ins erste vorchristliche Jahrtausend. Und auch das Christentum schuf sich hier eine seiner frühesten Bastionen.

Die Dorfkirche St. Vitus (volkstümlich: St. Veit) wurde in ihrer heutigen Form 1521 durch den Aiblinger Kastner Lienhart Seyringer geschaffen: zwei Wappenschilder in den Fenstern nennen ihn und seine Frau Magdalena als Stifter. Die Architektur selbst ist jedoch weit älter und in vieler Hinsicht typisch für den gotischen Kirchenstil im Aiblinger Land. Ein stämmiger Tuffquaderturm mit Satteldach ist an ein schlichtes Langhaus angesetzt. Und kleine, konisch verengte Spitzbogenfenster verleihen dem Bau zusätzlich eine herbe und asketische Qualität. Die mehrfache Umgestaltung hat diesem bewußt strengen Raumeindruck mehr geschadet als genutzt. Doch wenigstens die Architektur des Chorraums zeigt nach einer geglückten Restaurierung heute wieder ihre edle gotische Gestalt.

Bedeutend wurde die Mietrachinger Kirche durch die Freilegung spätmittelalterlicher Fresken, wobei sich die besonders eindrucksvollen Darstellungen des Martyriums von St. Vitus und seiner Pflegeeltern Modestus und Kreszentia in einer Fensterlaibung hinter dem Altar verbergen.

Ein wechselvolles Schicksal erlebte das Dorf Mietraching im 20. Jahrhundert: In den dreißiger Jahren benutzten Münchner Sportflieger eine Wiese am Ortsrand als improvisierte Start- und Landepiste. Die Nationalsozialisten beschlagnahmten das Areal und wandelten es 1937 in einen Militärflughafen um. 1945 übernahmen dann amerikanische Streitkräfte die Rollbahnen und Hangars und mißbrauchten den umzäunten Platz als Durchgangslager für mehrere hunderttausend Kriegsgefangene. Der kalte Krieg führte den alten Fliegerhorst einer weiteren Bestimmung zu: das Pentagon errichtete hier unter strenger Geheimhaltung eine der größten militärischen Funkzentralen in Europa - eine Anlage, die heute im Rahmen des Atlantischen Bündnisses vor allem dem Empfang und der Auswertung von Satellitendaten dient.

Die dörfliche Ruhe trügt: nur ein paar Schritte trennen Mietraching im Süden von der Stadt Bad Aibling und im Norden von den Kasernen des US-Camps und der Bundeswehr.

Der gotische Chorraum der Mietrachinger St. Veit-Kirche

Spätmittelalterliche Freskendarstellung der Hl. Kreszentia

Selbst im spiegelglatten Lauf der Mangfall bei Bruckmühl erinnern mitgerissene Bäume an die Gewalt des Flusses.

Der Mangfalltal-Radwanderweg zwischen Feldolling und Rosenheim bietet im Sommer reines Tourenvergnügen.

Wer das 20 Kilometer lange Mangfalltal zwischen Feldkirchen-Westerham und Rosenheim per Bahn befährt, durchmißt ein Panorama oberbayerischer Siedlungs- und Industriegeschichte. Vorbei am Leitzachwerk, an den zahleichen Fabrikanlagen zwischen Bruckmühl und Heufeld, vorbei an den amorphen Reihenhäusern zwischen Hinrichssegen und der Aiblinger Madau, vorbei an den Fabriken Kolbermoors und endlich auch vorbei am städtebaulichen Gewucher des Rosenheimer Vororts Fürstätt führt die Trasse zum Eisenbahnknotenpunkt am Inn.

Die Mangfall folgt in dichtem Abstand dieser Route. Doch wer statt der Bahn oder des Autos den Radwanderweg entlang der Flußauen benutzt, erlebt ein gänzlich anderes und ungleich schöneres Bild der Mangfalltaler Landschaft: Wälder, Weidenbüsche, Felsen, kleine Wasserfälle. Und ein Flußbett, dessen Strömung täglich den Charakter wechselt: mal herrscht Trokkenheit und fast bewegungslose Ruhe. Dann erlebt man ein breit fließendes Gewässer. Und dann wieder schäumt es wütend und bedrohlich hoch bis an den Rand der Uferdämme.

Bad Aiblings Kirchturm vor dem Auerberg, dem Schwarzenberg sowie den Gipfeln des Kleinmiesing und Hochmiesing

Kaum ein Bergfluß wurde so umfassend reguliert, verbaut, gesichert und gedämmt. Hunderte von Stufen und Terassen, tausende von Felsblöcken sollten die Strömung brechen und verlangsamen. Die Mangfall erscheint heute halb gezähmt zum Werkskanal und halb herausgeputzt zum Urlauber-Gewässer: eine Auenlandschaft, wo man im Hochsommer gefahrlos campen, paddeln, in glasklarem Wasser baden, wandern, spielen und sich sonnen kann. Doch ein paar Tage Dauerregen reichen, um das scheinbar harmlose Rinnsal wieder in die alte, reißende, lehmbraune Strömung zu verwandeln, die selbst Bäume entwurzelt, Dämme unterspült und innerhalb von Viertelstunden Dutzende von Kellern unter Wasser setzt. Durch ihre Steilhänge, die am Oberlauf den Regen sammeln und sofort ins Flußbett leiten und durch die Zuflüsse von Schlierach, Leitzach und Glonn blieb die Mangfall bis heute unberechenbar. Aber auch ihr Tal, obwohl längst eine Kunstlandschaft, gewährt dem Besucher noch immer Augenblicke einer überwältigenden, manchmal wilden, manchmal sanften Schönheit.

Im Herzen des östlichen Mangfalltals liegt an der Einmündung der Glonn das älteste Moorbad Bayerns und einer der traditionsreichsten Kurorte im Freistaat: Bad Aibling. Seit zwölfhundert Jahren ist der Ort bezeugt, seine Besiedlung reicht gut ein Jahrtausend weiter. Und so spiegeln die Ortsteile der Stadt auch plastisch die Etappen ihrer Geschichte wieder.

Älteste Bebauungszonen waren die Burg am Hofberg und ein kleiner Siedlungskern am Westufer der Glonn, der leicht erhöhte "Bichl": Grabungsfunde reichen hier bis in die Bronzezeit. Auch die Hofmühle als Wirtschaftsgut des Herzogshofes dürfte schon zu Zeiten Tassilos bestanden haben. Scherbenreste legen weiter nahe, daß am Marienplatz entlang der heutigen Rosenheimer Straße seit den Tagen der Römer Menschen seßhaft waren. Der eigentliche Markt entlang der Kirchzeile entstand im Mittelalter; ebenso der Handwerkerbezirk der Färber, Gerber und Seifensieder zwischen Mühlbach und Glonn. Im Westen lagen mehrere Bauerngüter. Doch erst Bahn und Kurbetrieb ließen den Ort auch nach Südosten wachsen.

Junge Gastlichkeit in alten Mauern: das um 1670 entstandene Aiblinger Marktschreiberhaus mit seinen barocken Lüftlmalereien beherbergt heute ein gepflegtes Hotelrestaurant.

Als einem der ersten Orte in Altbayern wurde Aibling um 1230 das Marktrecht verliehen; und noch immer sind die Warenmärkte am Marienplatz und in der Kirchzeile Attraktionen, die regelmäßig Tausende von Besuchern anziehen.

Vor allem für Kinder ist die bunte Spielzeugwelt ein Traum.

Reizvolle Einblicke in altes Bürgertum und bäuerliches Leben bietet das Bad Aiblinger Heimatmuseum. Besonders originalgetreu rekonstruiert: eine "Schwarzkuchl" des 19. Jahrhunderts mit offenem Kamin und irdenem Geschirr.

Vergessenes bäuerliches Gerät im Heimatmuseum: Wer kennt heute noch die Pflüge, Strohschneider und Schnitzelbänke, Kummets und hölzernen Moor-Pferdeschuhe?

Wer mehr von Geschichte und Brauchtum, Kunst und Handwerk, kurz: vom alten Leben in Bad Aibling erfahren will, dem sei das sorgfältig betreute Heimatmuseum gegenüber dem Kurhaus empfohlen. Das einstige Ökonomiegebäude des benachbarten Irlach-Schlößls bietet umfangreiche Sammlungen zur Vor- und Frühgeschichte, zu barocker Frömmigkeit und altem Trachtenwesen, dazu bürgerliche und bäuerliche Wohnstuben von der Renaissance bis zum 19. Jahrhundert. Vor allem aber beherbergt das Haus Gerätschaften, die einst zum täglichen Gebrauch gehörten, aber heute manchem Besucher Rätsel aufgeben: die Utensilien einer Schäfflerwerkstatt; eine Blaudruckerei mit zahlreichen historischen Druckmodeln; Werkzeuge für Torfstich und Feldarbeit und eine Kücheneinrichtung aus vergangenen Tagen. Zu den besonderen Sehenswürdigkeit des Hauses zählt das Mobiliar der Kutterlinger Bauernstube, in der Wilhelm Leibl sein künstlerisches Spätwerk schuf.

Unmittelbar hinter dem Heimatmuseum öffnet sich der Kurpark von Bad Aibling - eine der schönsten und größten Park-

"Klein-Venedig" am Bad Aiblinger Mühlbach

Heiter und lichtdurchflutet: die barocke "Sebastianikirche"

anlagen Oberbayerns. Das Gelände ist umrahmt von den zwei Aiblinger Stadtbächen, der Glonn und dem Mühlbach. An ihren Ufern stehen Jugendstil-Villen aus der ersten Blütezeit des Kurwesens, aber auch uralte Handwerkerhäuser, deren Mauern und Stege malerisch ins Wasser ragen und dem Viertel den ironisch-liebevollen Namen "Klein-Venedig" eintrugen.

Dem Mühlbach entlang gelangt man zum Marienplatz. Seine Nordwestseite, die einst das barocke Rathaus schmückte, ist heute geprägt von Bank- und Verwaltungsbauten im nüchternen Stil der siebziger Jahre. Doch im Süden und Osten hat sich das historische Ambiente fast unzerstört bewahrt. Zwar blieb vom 400 Jahre alten Duschlbräu nur mehr die Straßenfront - das romantische Haus- und Winkelwerk dahinter wich einer radikalen "Sanierungsmaßnahme". Das einstige Wohnhaus Wilhelm Leibls aber zeigt noch sein behäbig biedermeierliches Walmdach. Die geschweifte Rokokofassade des Edelsitzes Prantshausen birgt ein elegantes Hotel-Restaurant. Und zwischen beiden Gebäuden liegt einer der schönsten Schätze Aiblinger Sakralkunst: Die Sebastianskirche.

Eine Kapelle zu Ehren des Pestheiligen war hier schon 1548 errichtet worden. Und weil Sebastian auch als Patron der Schützen galt, gründete sich bald eine Schützenbruderschaft, die ihre Verehrung an diese Kirche band. Seine barocke Gestalt erhielt der Bau, nachdem die alte gotische Kapelle beim Stadtbrand vom 28. August 1765 ein Raub der Flammen geworden war. 1768 wurde der Wiederaufbau abgeschlossen. Die Not der Gemeinde verbot zwar jede prunkvolle Fassadengestaltung. Doch dafür gelang im Inneren einer der liebenswürdigsten Räume des ländlichen, südostbayerischen Rokoko.

Führender Meister war der Bildschnitzer Joseph Götsch, dessen lebensgroße Altarskulpturen der Bischöfe Korbinian und Benno die ganze Meisterschaft der Ignaz-Günther-Schule lebendig werden lassen. Die etwas schwächeren Figuren an den Seitenaltären stammen von Götschs Aiblinger Konkurrenten Ignaz Stumbeck. Auch die Fresken und Altarbilder sind Aiblinger Arbeit. Sie wurden von den produktivsten örtlichen Talenten jener Zeit, dem Kirchen- und Lüftlmaler Johann Georg Gaill und seinem Sohn Franz Gaill geschaffen.

Ein weithin sichtbares Wahrzeichen des östlichen Mangfalltals ist der Turm der Stadtpfarrkirche Mariae Himmelfahrt am Aiblinger Hofberg. Seit 927 bezeugen Urkunden hier ein Marienheiligtum. Und neue Funde ergaben, daß das Mauerwerk des Turmes bis zu einer Höhe von rund 20 Metern romanischer Herkunft ist: Teil einer schon im Mittelalter bemerkenswert wuchtigen Anlage. Auch das gotische Südportal von 1431 wurde inzwischen teilweise freigelegt, so daß sich die Baugeschichte heute über mehr als tausend Jahre spannt.

Die ältesten Aiblinger Bilddarstellungen - darunter Hans Tonnauers Fresko in der Münchner Residenz um 1590, Matthäus Merians Stich von 1644 sowie die Stadtdarstellung Michael Wenings - zeigen die Kirche noch in der Gestalt der Renaissance mit einem Langhaus von drei Jochen und oktogonalem Chorraum. Der Turm trug statt der Zwiebel damals eine gedrungene "welsche" Haube.

Seine endgültige Form erhielt der Bau 1754. Kein Geringerer als der Münchner Hofbaumeister Johann Michael Fischer übernahm die Planung. Er ließ die gotischen Kreuzrippen entfernen. Dann verlängerte er das Kirchenschiff und den kurz vorher renovierten Dachstuhl auf fünf Joche, zog eine doppelte Empore ein und setzte den Chorraum mit einem Triumphbogen vom Hauptschiff ab. Schließlich wurde der Turm auf eine Höhe von rund 48 Metern aufgestockt und mit einer markanten Zwiebelhaube bekrönt.

Der Hl. Johann Nepomuk in einer Darstellung von Joseph Götsch

Die Bauausführung selbst lag in den Händen des erfahrenen Hausstätter Meisters Abraham Millauer. Schwungvolle Deckenfresken mit Darstellungen aus dem Marienleben schuf der Münchner Hofmaler Michael Heigl. Der Aiblinger Meister Johann Blasius Vicelli gestaltete die Gemälde der Seitenaltäre. Als Stukkateur stand mit Thomas Schwarzenberger ein hervorragender einheimischer Künstler zur Verfügung. Und für die Skulpturen konnte neben dem Aiblinger Bildschnitzer Joseph Götsch dessen berühmter Freund und Kollege Ignaz Günther gewonnen werden.

Eine erfahrenere Künstlergemeinschaft ließ sich damals südlich Münchens kaum versammeln. Und so glückte ihr ein Meisterwerk, in dem gotische Klarheit und barocke Leichtigkeit eine vollkommene Verbindung eingingen. Die Verwandlung eines alten Raumgefüges in das Ideal des Rokoko gelang hier bruchloser und eleganter als in den meisten sakralen Umbauten des bayerischen Alpenvorlands.

Dennoch kam es zum Streit. Die Kosten für die Ausgestaltung der Altäre hatten offenbar alle geplanten Grenzen überschritten. So verweigerten die Aiblinger ausgerechnet dem erfolgsgewohnten Ignaz Günther das bedungene Honorar. Das "stoltz und hoffertig abgefaßte Briefl", mit dem diese Weigerung begründet wurde, veranlaßte Günther zu einem wütenden Antwortschreiben, in dem er den "alte weiber Magistrat" von Aibling des Betrugs bezichtigte und die Begleichung aller Rechnungen ultimativ einforderte.

Der Ausgang des Skandals ist uns nicht überliefert. Doch ein Jahrhundert später, 1856, übten die Aiblinger Rache. Ignaz Günthers Skulpturen wurden abgenommen und durch das süßlich nazarenische Altargemälde eines Kirchenmalers namens Asselborn ersetzt. Erst als im Mai des Jahres 1937 ein Brand das unselige Bild zerstörte, wurde die ursprüngliche Gestalt nach Kräften wiederhergestellt. Und so thront heute auch wieder das Aiblinger Gnadenbild, eine herrlich gearbeitete spätgotische Madonna, im Zentrum des Hochaltars.

Die Skulpturen Joseph Götschs blieben weitgehend erhalten: darunter eine lebensgroße Kreuzigungsgruppe und eine ungewöhnlich ausdrucksvolle Darstellung des Hl. Johann Nepomuk. Von hohem künstlerischem und historischem Wert sind auch die gotischen und frühbarocken Grabsteine, vor allem der des Aiblinger Pflegers Wilhelm von Prant von 1573. Eine kraftvoller auferstandener Christus bekrönt auf dem rotmarmornen Epitaph zwei Reihen mit Familienbildnissen der Prants. Und noch eine Entdeckung gibt es in "Mariae Himmelfahrt" zu machen: eine Kartusche an der Decke des Chorraums zeigt eine der ältesten und besten Aiblinger Ortsansichten.

Gotische Klarheit und barocker Glanz: die Aiblinger Pfarrkirche Mariae Himmelfahrt zählt zu den Meisterwerken regionaler Sakralkunst.

Gartenpracht zu jeder Jahreszeit. Der Kurpark von Bad Aibling gilt mit seinen Bäumen, Bächen, Weihern, Blumenwiesen und Rabatten als einer der größten und schönsten in Bayern.

Am Kurhaus lädt ein Gartenrestaurant zum Besuch ein. Im Brunnenhof finden Konzerte statt. Die Rasenflächen werden alljährlich zum Schauplatz aufwendiger Parkfeste. Dennoch bleibt das schönste Erlebnis der Aiblinger Kuranlagen ihre überwältigende Blumenfülle.

Zu den attraktivsten Einrichtungen des Kurparks zählt der Moorgarten. Hier entstand ein Biotop, in dem auf Tümpeln und Feuchtwiesen die Pflanzenvielfalt des Aiblinger Moores sichtbar wird.

Der Kurpark von Bad Aibling bietet nicht nur im Sommer unvergeßliche Natureindrücke. Die alten Baumbestände, die organisch in die Landschaft integrierten Bäche sowie der Irlach-Weiher bewahren dem Gelände auch im Winter sein romantisches Flair.

Wandern, Schwimmen, Tennis, Eislauf, Radeln, Minigolfen oder süßes Nichtstun: die Bad Aiblinger Freizeitanlagen versprechen Erholung für jeden Geschmack.

Der Ruhm Bad Aiblings gründet seit 150 Jahren auf seiner exzellenten Moortherapie. Doch ein wirkungsvoller Kurbetrieb kann sich nicht auf die medizinische Betreuung seiner Gäste beschränken. Nur die Verbindung von erfolgreicher Behandlung und umfassenden Freizeitangeboten macht ein Heilbad für Patienten, Gäste und Besucher attraktiv.

So wurde bereits um die Jahrhundertwende ein Kurhaus mit weitläufigem Park errichtet; eine Anlage, die sich heute nach mehreren Um- und Neubauten als Veranstaltungszentrum mit zwei Sälen, Brunnenhof, Musikpavillon, Vortrags- und Fitneßräumen, Restaurant und Kegelbahn darbietet. Mit Sinfonie- und Kammerkonzerten, Opern, Musicals, Kabarett, Tanz, Pop, Jazz und Literaturprogrammen, Boulevard, Volkstheater und Brauchtumsveranstaltungen wurde das Kurhaus Bad Aibling zu einem der meistbespielten Veranstaltungsräume zwischen München und Salzburg - bis ein spektakulärer Rechtsstreit der Ausweitung solcher Aktivitäten eine vorläufige Grenze zog.

Um so mehr mußte die Stadt ihr Angebot auf anderen Feldern erweitern. Es entstanden großzügige Freizeitanlagen von der Eislaufhalle bis zur Sauna und vom Schwimmbad bis zu Squash- und Tennisplätzen. Der Minigolf-Parcours im Kurpark zählt ebenso selbstverständlich zur Erlebnistherapie wie der großzügige Golfplatz von Maxlrain. Geführte Wanderungen bringen den Besuchern die einzigartige Landschaft des Aiblinger Moores nahe. Radtouren auf ausgewiesenen Strecken verbinden Trimmspaß mit Naturerlebnis. Die Aiblinger Hausberge bieten eine unerschöpfliche Auswahl von gemütlichen Almwanderungen bis zum alpinen Extremsport. Drachenflieger kommen in den bayerischen Bergen ebenso auf ihre Kosten wie Sportsegler am nahen Chiemsee. Und wen Rückenleiden und Verspannungen am Freizeitvergnügen hindern, für den wurde mit der "Bad Aiblinger Rückenschule" eine spielerische Behandlungsmethode geschaffen, die mittlerweile weltweit Nachahmer und Interessenten fand.

Der traditionelle Bandltanz und nicht der bei den "Preißn" populäre Schuhplattler ist Schmuckstück und Krönung jedes zünftigen Trachtenfestes (hier vor der Fassade des Duschlbräu).

Feiern wie die Bayern - das Talent der Oberländler zu barocker Lebensart und praller Daseinsfreude wurde längst sprichwörtlich. So ist auch Bad Aibling berühmt für seine Feste. Seien es Parkfest oder Bürgerfest, Volksfest und Trachtenfeste, Wiesenaufzug und Hanslverbrennen, Faschingszug oder historische Festumzüge, Bezirksmusikfeste und Sängertreffen - ein Anlaß zu aufwendigen Feiern findet sich fast immer. In der "fünften Jahreszeit" verwandeln sich Stadt und Kurhaus in eine bayerische Faschingshochburg. Und vor allem Märkte haben in Bad Aibling eine siebenhundertjährige Tradition - wobei jedoch der "Frauenmarkt" nur selten hält, was sein verfänglicher Name verspricht. Allein der alte christliche Kalender klingt in dieser Bezeichnung nach. Denn so, wie der Georgi- und der Kathreinmarkt mit ihrem Schutzpatron zugleich das Datum nennen, findet dieser im ganzen Oberland berühmte Vieh- und Warenmarkt zu Ehren der Geburt unserer Lieben Frau, also anläßlich des Marienfestes vom 8. September statt.

Mode für Männer: Bayerns Prinzregent und seine charmante Begleitung als Kostümgruppe beim Aiblinger Festzug

Spielhahnfeder, Charivari, Lederhose und ein Wald von Fahnen - nirgends ist der Oberbayer mehr er selbst als bei den Trachtenfesten.

Wozu braucht man beim Bad Aiblinger Volksfest ein Karussell, solange nur der Papa hilfreich zur Hand geht?

Was wären Bad Aibling und das Mangfalltal ohne seine Trachtenvereine! Seien es die "Oberlandler" oder "Edelweißer", seien es der "GTEV Eichenlaub" in Schönau, die "Mangfalltaler" und die "Immergrünen" in Kolbermoor, die Trachtenvereine aus Au, Dettendorf, Bad Feilnbach, Litzldorf, Heufeld, Götting, Bruckmühl, Vagen, Kirchdorf, Westerham oder Höhenrain - die Trachtler zählen rings in der Region zu den aktivsten Verbänden. Sie betreiben Bierzelte und Heimatabende, organisieren manch gemütlichen Musikanten-Hoagascht, spielen Volkstheater, veranstalten alpenländische Adventsingen und richten mit vereinten Kräften den Maibaum auf.

In ihrem wahren Element sind die Oberlandler Trachtler jedoch bei Umzügen und auf der Wiesn. Da werden kostbare Vereinsfahnen aus dem Futteral gerollt; da legen die Frauen den Schalk, die Mädchen das Dirndl und die Männer ihre lederne Wiechs, die Wadlstrümpfe und die Haferlschuhe an. Da wippen Spielhahnfeder und Gamsbart auf dem Hut. Und die Blasmusik verkündet schmetternd: die Trachtler kommen.

Ob groß, ob klein: auf der Aiblinger Wiesn sieht man noch, was ein gestandenes Mannsbild ist.

Im Süden von Bad Aibling nahe der Autobahn liegen die riesigen Torfstich-Becken, aus denen das Bademoor gewonnen wird.

Der natürliche Reichtum des Aiblinger Landes ist sein Moor. Die heilende Wirkung des "braunen Goldes" beruht zum Teil auf seinem hohen Gehalt an Huminsäuren und Bitumina. Entscheidend aber ist die Fähigkeit des Moores, Wärme zu speichern und gleichmäßig an den Körper abzugeben. Denn obwohl der bei den Bädern verwendete Torfbrei zu fast 95% aus Wasser besteht - trockener Torf vermag das Siebzehnfache seines Eigengewichts an Flüssigkeit zu binden - ist er in seinen physikalischen Eigenschaften von denen warmen Wassers grundverschieden. Besonders Durchblutungsstörungen bei rheumatischer Versteifung oder chronischer Entzündung werden so mit großem Erfolg behandelt.

Die Gewinnung des Bad Aiblinger Bademoores erscheint auf den ersten Blick als drastischer Eingriff in eine intakte Naturlandschaft. Mit riesigen Baggern wird der Torf in einer Mächtigkeit von mehreren Metern abgehoben. Förderbänder lagern das Rohmoor, das von Ästen und Wurzeln gesäubert wurde, auf Halde. Nach weiteren Trennvorgängen wird der Brei durch Wasserzusatz in die richtige Konsistenz gebracht. Am Ort des Abbaus aber bleibt zunächst nur eine Kraterlandschaft: riesige, mit Dämmen eingefaßte Erdwannen von der Größe eines Fußballfeldes.

Aber eben diese Wannen garantieren auch eine fast vollständige Rekultivierung des Moores. Denn während noch vor wenigen Jahrzehnten die Bäder durch Einleitung in Glonn und Mangfall billig "entsorgt" wurden, fließt der Moorschlamm heute in die Bassins zurück, aus denen er entnommen wurde. Bereits nach wenigen Monaten ergreifen Fauna und Flora neu davon Besitz. Sorgfältige Bepflanzung und andere Renaturierungsmaßnahmen tun ein Übriges. Und spätestens nach einigen Jahrzehnten ist der Torf wieder bis zum Grund durchwurzelt und steht ohne nennenswerte Minderung der Qualität erneut zum Abbau zur Verfügung (allerdings können sich Bad Aibling und Bad Feilbach noch Jahrzehnte lang den Luxus leisten, ihren Kurgästen ausschließlich unbenutztes Frischmoor zur Verfügung zu stellen).

Das zerkleinerte, von Ästen und Wurzeln befreite Moor wird bis zur medizinischen Verwendung in Hürden gelagert.

Bis in die fünfziger Jahre des 20. Jahrhunderts war Trockentorf überdies das bevorzugte Heizmaterial der meisten Haushalte in der Region. Das "Kasteln", also das Ausstechen, Stapeln und Trocknen von Torfziegeln zählte zur regelmäßigen Sommerbeschäftigung zahlreicher Familien - wobei die Kinder nebenher Moosbeeren sammelten, die zu einer würzigen Konfitüre eingekocht wurden.

Der Heizkraft des Torfes verdanken die Orte Kolbermoor und Großkarolinenfeld ihren Aufstieg. Mit Torf wurden die Lokomotiven der Bahn, die Sudpfannen der Rosenheimer Saline und die Maschinen zahlreicher Industrien betrieben. Nach fünf Jahrzehnten bitterer Armut brachte so die Torfwirtschaft vor allem Großkarolinenfeld den ersten bescheidenen Wohlstand. Auch die Errichtung einer zweiten Bahnstrecke München-Rosenheim über Grafing 1871 diente zunächst dem Transport des Karolinenfelder Torfs. Daß diese Nebenstrecke die berühmte Maximiliansbahn bald an Bedeutung überflügelte, zählt zu den Ironien Mangfalltaler Lokalgeschichte.

Die Karriere des Kolbermoorer Torfwerks war dagegen kurz. Zwei Jahre lang blieb es die einzige Ansiedlung im Ödland zwischen Aibling und Rosenheim. Der Anschluß an die Bahn schuf dann die wichtigste Voraussetzung für bedeutendere Industrien. So wuchs zugleich mit dem Bau der Baumwollspinnerei eine komplette Siedlung aus dem Niemandsland. Und während der Torfabbau stagnierte, blieb die Textilherstellung gut hundert Jahre lang in Kolbermoor der beherrschende Wirtschaftszweig.

Inzwischen ging auch diese Ära zuende. Stattdessen verwandelte sich der Ort durch die gezielte Ansiedlung von Handels- und Dienstleistungsbetrieben innerhalb weniger Jahre in eine attraktive, vielbesuchte Einkaufsstadt. Das Zentrum wurde zur verkehrsberuhigten Zone. Geräumige Plätze, Brunnen und kleine Parkanlagen beleben heute das Bild. Die alten Fabriksgebäude sind noch vorhanden. Aber sie füllen sich mit neuen Funktionen: belebte Denkmäler einer vergangenen Epoche bayerischer Industriewirtschaft.

Weltoffenheit und bürgerliche Atmosphäre - der Industrieort Kolbermoor hat sich zur Einkaufsstadt gemausert.

Noch immer ist die alte Spinnerei mit ihrem Werkskanal ein Wahrzeichen Kolbermoorer Geschichte.

Wasserschloß Pullach bei Bad Aibling. Die alte Burg des Chiemgauer Rittergeschlechtes der Auer präsentiert sich heute als Herrenhaus im Stil des 19. Jahrhunderts.

Der Weg ins südliche Mangfalltal beginnt beim Autobahnzubringer vor Bad Aibling. Und am Anfang steht einmal mehr eine Schloßanlage: Pullach. Seit dem 14. Jahrhundert saßen hier in einer turmbewehrten Burg die Auer, ein Chiemgauer Rittergeschlecht. Nach manchen Wechselfällen ging der Bau im 19. Jahrhundert in bürgerliche Hände über und wurde zeitweise sogar als Draht- und Schraubenfabrik mißbraucht. Erst 1875 erbarmte sich ein Adeliger aus dem Bayerischen Wald und ließ das halbverfallene Gemäuer zum eleganten Wasserschlößchen umgestalten.

Ein gemütlicher Radweg in Richtung Wendelstein führt über Willing zu einem der Kleinode des bayerischen Rokoko: der Hl. Kreuz-Kirche von Berbling. Die Hausstätter Meister Philipp Millauer und Hans Thaller schufen hier nach Prager Entwürfen Kilian Ignaz Dientzenhofers eine virtuos geschwungene Architektur, deren Schönheit dem Bau den Titel einer "kleinen Wieskirche" eintrug. In Berbling entstand auch Wilhelm Leibls bedeutendstes Gemälde: "Drei Frauen in der Kirche".

Willinger Abendstimmung. Die Feldarbeit ist getan, der alte Heuwender steht friedlich in der Sonne.

Fronleichnamsfest in Berbling - frommer Sinn und Fröhlichkeit waren in Bayern noch nie Gegensätze.

Die Berblinger Schmiede, ein Bauernhaus von 1714, ist geschmückt mit barocken Lüftlmalereien.

Versammlung zur Prozession - noch lehnen die kostbar bestickten Fahnen an der Friedhofsmauer.

Sommernachmittag in Berbling. In solchen Augenblicken scheint die Zeit seit Wilhelm Leibls Tagen stillzustehen.

Ein Juwel des bayerischen Rokoko: die Dorfkirche Hl. Kreuz entstand nach Prager Entwürfen Kilian Ignaz Dientzenhofers.

Im Süden Berblings nahe Au liegt zwischen Wiesen und Obstbäumen das Dorf Kematen mit seiner gotischen Martinskirche.

Auch in Au bedeutet das Aufstellen des mit weißblauen Rauten verzierten Maibaums ein Fest, bei dem das ganze Dorf mitfeiert.

Wer wandernd, mit dem Auto oder auf dem Fahrradweg von Berbling aus in Richtung Süden bummelt, dem eröffnet sich fast unvermittelt eine der schönsten Landschaften Bayerns. Hügel, Berge, blühende Wiesen, Obstbäume, wie Spielzeug hingestreute Dörfer - so hat mancher sich das Paradies erträumt. Bei Dettendorf trug sich zur Zeit des Herzogs Tassilo sogar ein echtes Wunder zu: das Blut, das dem verklärten Leichnam von Bayerns Bauernheiligen und Viehpatron Korbinian hier einst entfloß, wurde nach 39 Jahren immer noch lebfrisch und ungeronnen aufgefunden. Die Korbinianskirche des Hausstätter Meisters Hans Mayr d. Ä. bewahrt die Blutreliquie in einer Phiole bis heute.

Allerdings - nur einen Steinwurf von der Kirche entfernt holt einen die profane Gegenwart wieder ein. Wie eine Mauer trennt der Wall der Bundesautobahn das Dorf von seiner Mitwelt. Und erst jenseits des von ewigem Lärm umbrausten Monsters stellt sich der einzigartige Zauber dieser Landschaft allmählich von neuem her.

Ein Bauerngarten, eine Hausbank und ein Balkon, der von Geranien überquillt, sind in Au Zierde und Stolz fast jedes Hauses.

Auf einem Hügel nahe Dettendorf liegt Kematen - zur Frühjahrszeit ein Blütentraum. Dann geht es wieder talwärts zu einem der einst stolzesten und schönsten Dörfer im südlichen Mangfalltal. Wie ein scharf zugespitzter Bleistift ragt der Turm der Auer Martinskirche in die Landschaft, eingefaßt von der breit hingestreckten Kulisse des Auerberges. Auf einem steilen Kegel im Hochwald sind dort noch die Fundamente der Ruine Altenwaldeck zu erahnen. Ihre Mauern aber wurden abgetragen, um die Auer Kirche zu errichten: einen städtisch reich anmutenden Bau, den Wolfgang Dinzenhofer und Abraham Millauer um 1710 entwarfen (der Sohn Philipp Millauer gab dem Dorf mit der Taxakapelle ein Rokokokirchlein, dessen Fresken ein lebendiges Bild der alten Volkstrachten bewahren).

Überdies bietet Au seinen Besuchern im Sommer eine Blütenfülle wie kein anderes Dorf im Mangfalltal: Obstbäume, Bauerngärten, Spalierrosen, von Geranien überquellende Balkone - hier am Fuß der Alpen läßt die Natur schon einen Hauch Italien spüren.

Ein Feldkreuz am Dorfrand von Au. Der steil zugespitzte Turm schmückt eine der größten Barockkirchen der Region.

Maria Morgenstern in Lippertskirchen war zur Barockzeit eine der berühmtesten Wallfahrten in Oberbayern.

Auf halber Strecke zwischen Au und Bad Feilnbach steht im Dörflein Lippertskirchen eine Kirche, von der heute kaum noch ein Besucher ahnt, daß sie einst mit Altötting, Tuntenhausen und Andechs zu den berühmtesten Wallfahrten im Herzogtum Bayern zählte. Maria Morgenstern war schon im Mittelalter eine vielbesuchte Gnadenstätte. Doch erst 1778 verwandelte der Münchner Hofbaumeister Franz Anton Kirchgrabner den gotischen Bau in eines der letzten großen Meisterwerke des bayerischen Rokoko. Die kostbar filigranen Altäre stammen von der Hand des Aiblinger Bildschnitzers Joseph Götsch. Die 1798 eingefügten Deckenfresken Joseph Haubers sind bereits dem Klassizismus verpflichtet. Und auch die überzarten Stuck-Rocaillen des Wessobrunner Meisters Franz Doll von 1796 wirken wie Zitate ihrer selbst. In kaum einer anderen Kirche der Region ist die Spannung dreier Epochen so hautnah spürbar: die strenge Wucht der Gotik; die Nachblüte des bayerischen Barock; und die Vorahnung einer neuen, demokratisch revolutionären Zeit.

Wie unterschiedlich sich die Dörfer Berbling, Dettendorf, Au, Lippertskirchen, Wiechs und Litzldorf auch zeigen - sie haben eine Gemeinsamkeit. In einem weiten Halbkreis sind sie wie auf einer Schnur entlang der Hänge des Voralpenlandes aufgereiht. Die Ebene dazwischen aber bedeckt immer noch ein Moorgebiet als Überrest des Rosenheimer Sees. Über Jahrhunderte galt dieses riesige Areal als wertlos. Erst der Energiebedarf der Rosenheimer Saline eröffnete eine profitable Nutzung. Das "Presstorfwerk Feilenbach" wurde errichtet. Und als auch die medizinische Bedeutung der Moorschlämme außer Zweifel stand, begann der Aufschwung eines Dörfchens, das bislang im Schatten seiner Nachbarorte gestanden war. 1897 wurde Feilnbach Endstation der elektrischen Bahnlinie von Bad Aibling. Kurz darauf verabreichte man auch hier erfolgreich erste Kuren. Die ideale Lage am Fuß des Wendelsteins machte den Ort rasch zum Touristikzentrum. Und seit 1973 steht Bad Feilnbach mit 500 000 Übernachtungen pro Jahr auch amtlich in der Reihe der großen bayerischen Heilbäder.

Wie eine Miniaturausgabe des Wendelsteins erscheint der Findling vor dem Haus des Gastes in Bad Feilnbach.

Das ungewöhnlich milde Klima fördert auch am Rand der Feilnbacher Voralpen eine sehenswerte Blütenpracht.

Sommerfrische für Kühe. Landwirtschaft und Obstbau prägen bis heute das Bild des Feilnbacher Landes.

Das Leibl-Haus in Kutterling. Hier schuf W. Leibl, der bedeutendste Maler des deutschen Realismus, sein Spätwerk.

Im Weitmoos zeigt sie sich von ihrer schönsten Seite: die "Schlafende Jungfrau" mit Hochsalwand, Soin und Wendelstein.

Von den Hängen des Auerberges leuchtet die Rastkapelle weit hinaus ins Aiblinger Land.

Er ist mit seinen 1838 Metern nicht nur einer der markantesten Berge Deutschlands - er ist neben der Zugspitze auch der bekannteste: der Wendelstein. In unzähligen Liedern wurde er besungen. Und seit 1780 der Schriftsteller Lorenz von Westenrieder den Weg auch poetisch schilderte, steht die Besteigung auf dem Pflichtprogramm unzähliger Touristen. Am Felsgrat neben dem Gipfel wurde 1889 Deutschlands höchstgelegenes Kirchlein errichtet. Seit 1912 führt - eine Pionierleistung der Technik - eine Zahnradbahn von Brannenburg empor. Und wer die vierstündige Wanderung nicht scheut, den geleitet heute ein bequemer Weg von Bad Feilnbach den Jenbach entlang hinauf.

Der nach dem Traithen zweithöchste Berg des Mangfallgebirges hat viele Gesichter. Doch das Profil, das den Wendelstein zum bayerischen Mythos machte, zeigt er am schönsten von Bad Aibling und Bad Feilnbach aus. Nur hier erscheint sein Umriß fast kreisrund mit der markanten Felsnase zur Linken. Gemeinsam mit dem Soin und der Hochsalwand entsteht so der Umriß der "Schlafenden Jungfrau".

Der Gipfel des Wendelsteins mit Sonnenobservatorium, Fernsehantenne, Bahnstation, Wendelsteinhaus und dem Kirchlein

Rosenheim alt und neu. Zwischen historischem Ortskern und sterilen Siedlungsblöcken sucht die Innstadt ihre Identität.

Silhouette im Abendlicht: der Turm von St. Nikolaus, die Hl. Geist-Kirche und die Spitalkirche St. Joseph prägen das Gesicht der Rosenheimer Altstadt.

Zwölf Jahrhunderte lang war das Mangfalltal verbunden mit Gericht, Bezirk und Landkreis Aibling. Erst die Gebietsreform von 1972 machte dieser gewachsenen Struktur ein Ende. Doch der neu geschaffene Landkreis Rosenheim blieb ohne Mitte. Die Stadt Rosenheim ist kreisfrei.

Hier, wo Mangfalltal und Inntal sich berühren und die beiden Flüsse ineinander münden, endet auch die Wanderung unseres Buches. Es ist ein offenes Ende. Denn das Zentrum Rosenheim hat nicht nur seine Säle, Galerien und Museen, seine Altstadt mit den italienisch anmutenden Arkaden, seine Kirchen und weitläufigen Parks zu bieten. Es ist auch der wirtschaftliche Schwerpunkt der Region. Seine Geschäftswelt, seine Ämter und Schulen und vor allem seine Industrien üben einen immer stärkeren Sog aus. Zugleich wächst die Peripherie von Rosenheim in die umgebende Region hinein. Längst schon verwischten sich die Ortsgrenzen nach Fürstätt, Oberwöhr und Kolbermoor. Und die Symptome mehren sich, daß auch die anderen historischen Siedlungsräume längs der Mangfall immer mehr in einer städtischen Gesamtstruktur verfließen.

Am Innspitz im Norden Rosenheims endet die Reise, die am Tegernsee begann: hier mündet die Mangfall nach einem Flußlauf von rund 50 Kilometern in den Inn.

Ein Maibaum mit Wappen, Vereins- und Zunftzeichen ist - wie hier in Höhenrain - der Stolz vieler Mangfalltaler Dörfer.

Altes Leben - alter Brauch

Feste, Traditionen, Volkstheater, Volksjustiz und Frömmigkeit im Aiblinger Land

Bäuerliches Leben orientierte sich in Oberbayern stets am katholischen Festkalender; so, wie umgekehrt die Riten der Kirche mit dem bäuerlichen Jahreslauf verbunden blieben. Die Mangfalltaler Traditionen entsprechen deshalb weitgehend denen im ganzen Alpenvorland - wenn auch mit einigen Besonderheiten.

So werden auch hier am Abend des 5. Januar Weihrauch und Kreide geweiht, womit man am Dreikönigsfest die Ställe ausräuchert und die Buchstaben C + M + B an die Türstöcke der Häuser schreibt (der Volksmund verbindet mit diesem Kürzel die Namen Caspar, Melchior und Balthasar; tatsächlich handelt es sich um die Abkürzung des Weihespruches "Christus mansionem benedicat" - "Christus segne dieses Haus"). Ein spezieller Aiblinger Festtermin ist der 20. Januar: die Gebirgsschützen gedenken an diesem Tag ihres Schutzheiligen und Kirchenpatrons St. Sebastian. An Lichtmeß, also am 2. Februar, werden dann die Wetterkerzen geweiht, die beim Herannahen von Gewittern zum Gebet entzündet werden.

Nach dem Faschingsdienstag mit den traditionellen Faschingskrapfen beginnt die Fastenzeit am Aschermittwoch mit dem Einascheln, dem symbolischen Aufstreuen von Asche auf den Scheitel. Am Palmsonntag ist Palmweihe: die kunstvoll geschmückten Gebinde aus blühenden Weidenzweigen, die hier statt Palmwedeln die Weihe empfangen, sollen gleichfalls dem Wettersegen dienen. Besonders reich an Bräuchen sind die Karwoche und das Osterfest. Am Karfreitag ersetzen Ratschen das Geläute (die Glocken sind laut einer Legende nach Rom geflogen). In der Osternacht wird noch immer vor vielen Kirchen das Osterfeuer entzündet; in den Herd gelegt, sollen die geweihten Kohlenstücke das Haus vor Feuer schützen. Am Ostersonntag werden im Gottesdienst die Speisen - Eier, Fladen und Salz - gesegnet. Ein beliebtes Kinderspiel an den Festtagen war und ist das "Oascheibn": bunte Ostereier werden dabei über eine Schiene aus zwei Rechenstangen gerollt und mit einem Pfennig belegt. Wer mit seinem Ei ein anderes trifft, dem gehört der Pfennig.

Am 1. Mai stellt man die Maibäume auf. Der Brauch ist ein uralter Fruchtbarkeitsritus; doch das Christentum rankte um ihn die rührende Legende der Hl. Walburga. Die fromme Pilgerin soll, als man sie der Unkeuschheit bezichtigte, ihren Wan-

Die Bad Aiblinger Gebirgsschützen-Kompanie marschiert

Schützenscheibe vom Aiblinger Preisschießen im Juli 1910

Ein "Fatschenkindl", die barocke Darstellung des gewickelten Christkindes in der Wiege (Heimatmuseum Bad Aibling)

derstab in den Boden gestoßen und gebetet haben, der dürre Stecken möge zum Beweis ihrer Tugend ergrünen - was sogleich geschah. Das Maibaumaufstellen bedeutet heute ein Ereignis für jede Mangfalltaler Gemeinde; wobei der Brauch des Maibaumstehlens nicht minder aufwendig betrieben wird wie das Aufrichten der tonnenschweren Stämme selbst.

Das bedeutendste sommerliche Kirchenfest ist Fronleichnam mit seinen prachtvollen Trachtenprozessionen. In vielen Kirchen werden dabei Blumenornamente ausgelegt. Und besonders im südlichen Mangfalltal führt man auch noch die kostenbaren alten "Fercula", die auf Tragestangen befestigten Prozessionsfiguren mit.

Am Johannistag, dem 21. Juni, findet zur Feier der Sonnenwende das Hanslverbrennen statt: ein vorchristlicher Ritus, der die Zeiten überdauert hat. Der symbolische Feuertod des "Hansl", einer ausgestopften Puppe, beschwört dabei den Sieg von Licht und Wärme über die Dämonen des Winters und der Finsternis. Am Erntedankfest schmückt man in den Pfarrgemeinden die Altäre mit aufwendigen Frucht- und Getreidedekorationen. Zum Kirtasonntag, wenn der "Zachäus", also die Kirchweihfahne an den Türmen weht, werden dann Kirtanudeln gebacken und die Kirtahutschen für die Kinder aufgestellt. Die älteren Burschen und Madeln zieht es derweil zum Kirtatanz ins Wirtshaus.

Berühmt waren um die Zeit des 6. November die Leonhardiritte in Höhenrain, Högling, Mittenkirchen, Willing, Kematen, Lippertskirchen und Litzldorf. Nach 1945 schien dieser besonders schöne Brauch zum Aussterben verurteilt. Doch inzwischen hat man sich besonders im Feilnbacher Land der alten Traditionen neu besonnen. Um den 25. November wird es Zeit für den letzten Kathreinstanz - denn ab erstem Advent herrscht in katholischen Gemeinden Tanzverbot. Dafür beginnt die Zeit der Adventsingen und Weihnachtsmärkte - besonders attraktiv in Bad Aibling und Feldkirchen. Der Adventskranz wird geschmückt. Am 5. und 6. Dezember besuchen St. Nikolaus und sein grimmiger Gefährte, der Krampus, die Kinder. Vor der Christmette am 24. Dezember fand früher häufig das "Christkindloschiaßn", also das Ankündigen der Weihnacht mit Böl-

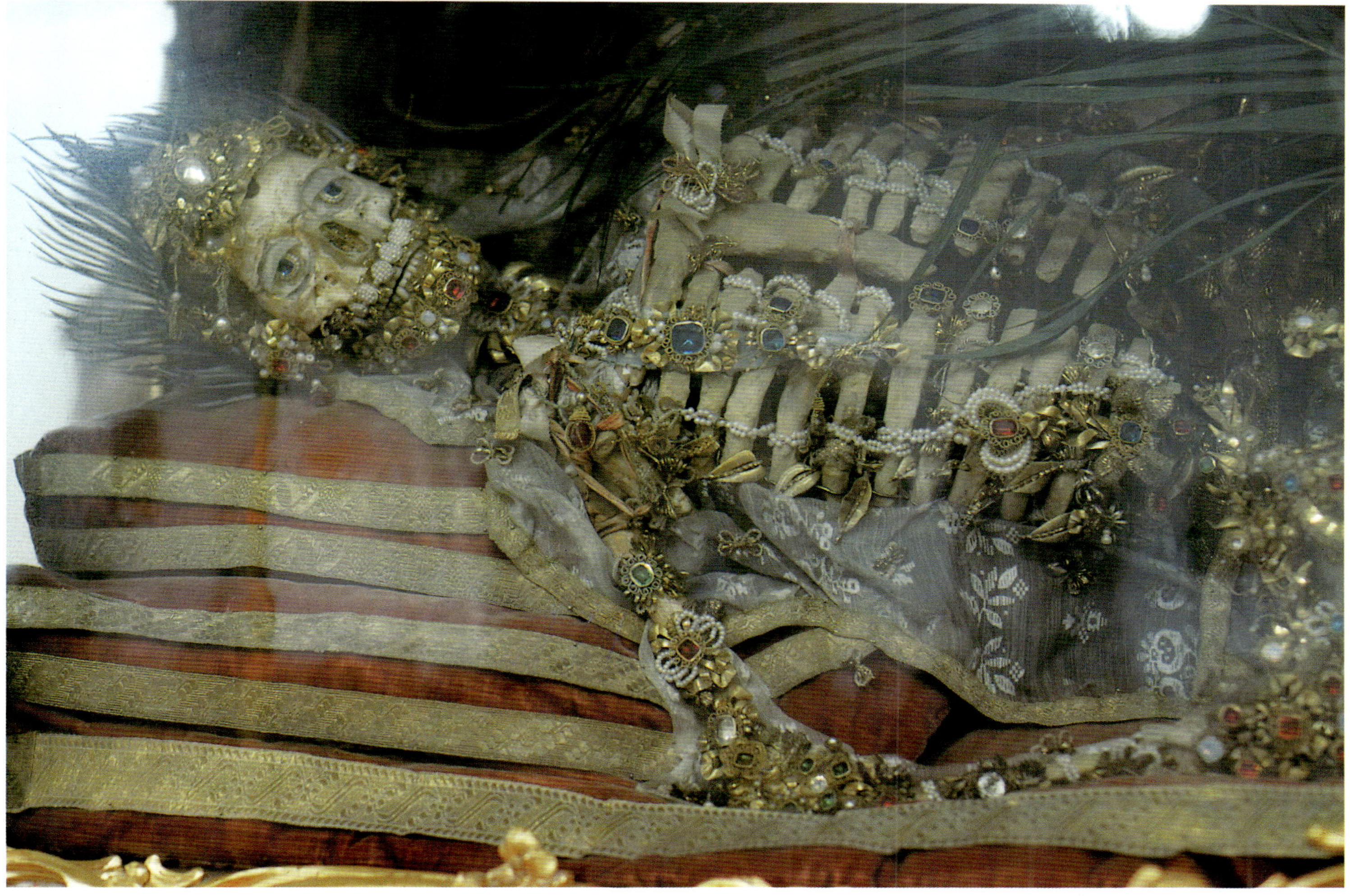

Der von Ignaz Günther gestaltete Reliquienchrein des hl. Valerius in der Kirche des Augustiner Chorherrenstiftes Weyarn

lerschüssen statt - ein Brauch, der heute nur noch in wenigen Mangfalltaler Gemeinden geübt wird.

Volksfrömmigkeit war immer eng verbunden mit Mirakeln und sichtbaren Glaubenszeichen. So war und ist das Mangfalltal ein Ort bedeutender Wallfahrten. Neben den berühmten Gnadenstätten Tuntenhausen, Weihenlinden und Lippertskirchen zählen vor allem die Märtyrerkirchen Wilparting und Kleinhelfendorf, das Heilige Kreuz von Thann, die Auer Taxakapelle und die Marienwallfahrt Kleinhöhenkirchen zu den traditionellen Pilgerorten. Aber auch die Aiblinger Madonna wurde lange Zeit als Gnadenbild verehrt.

Der gleichen gelebten Frömmigkeit verdankt die Landschaft ihre vielen Kapellen, Feldkreuze und Flurdenkmale, mit denen die Bauern einst die Saat dem Schutz des Allerhöchsten anempfahlen. Einen gänzlich anderen Sinn haben die Marterl, die zumeist am Schauplatz von Unfällen errichtet wurden - teils als Dank nach überstandener Gefahr, teils auch zum Gedächtnis der Opfer. Im ganzen Mangfalltal vom Tegernsee bis Rosenheim finden sich überdies zahlreiche, etwa zwei Meter hohe Kalktuffsäulen, die lange Zeit als Gedächtnismonumente für Pestopfer gedeutet wurden. Doch die steinernen Bildstökke dienten auch als Wetterkreuze, bezeichneten Wallfahrtswege oder hatten als "Martersäulen" eine ähnliche Funktion wie Marterltafeln. Steinsockel mit dem Bildnis der Madonna oder des Gekreuzigten standen zudem regelmäßig an Hinrichtungsstätten. Vor allem aber dienten sie als Grenzmarken, um die Befugnisbereiche der Gerichtsbezirke zu markieren. Zu diesem Zweck wurde um 1600 aus einem Steinbruch nahe Weyarn eine Reihe fast identischer Säulen ausgehauen und an den wichtigsten Verkehrswegen der Region aufgestellt.

Über Generationen wurden all diese Zeichen und Symbole wie selbstverständlich begriffen und erlebt. Erst mit ihrem drohenden Verlust wurde zugleich ihr kultureller Wert erkennbar. So liegt eine bewußte Brauchtumspflege seit der Jahrhundertwende in den Händen der regionalen Trachten- und Schützenvereine. Die Aiblinger Gebirgsschützen, schon 1485 urkundlich belegt und 1980 neu formiert, zählen dabei zu den traditionsreichsten Gruppen im Mangfalltal.

Mit dem "Lazarus-Spiel" lebte die 350jährige Geschichte des religiösen Volkstheaters in Bad Aibling 1995 wieder auf.

Die Aiblinger Passion

Ob im Fernsehen oder auf der Bühne: Bayerns Volksschauspiel zeigt in der Regel deftige, krachledern derbe Dorfgeschichten. Doch das war nicht immer so. Die meisten der vermeintlichen "Bauernbühnen" entstanden erst im 20. Jahrhundert. Und sie dienten weniger der Lustbarkeit der Landbevölkerung als der Unterhaltung eines städtischen Touristenpublikums. Das echte bayerische Volkstheater ging ganz andere Wege. Seine Stoffe waren Ritterdramen und Legenden. Seine Sprache war ein plastisches, manchmal geschraubtes Hochdeutsch. Und sein höchstes Ziel blieb stets das Heilige - die biblische Geschichte und vor allem Marter, Tod und Auferstehung des Erlösers.

Die Darstellung geistlicher Begebenheiten wird heute nur noch von sehr wenigen Ensembles fortgeführt. Aber bis ins späte 18. Jahrhundert reihte sich allein entlang des Inns eine Kette bedeutender Passionsspielorte von Erl über Kiefersfelden, Flintsbach, Rosenheim und Rott bis Wasserburg. Und eine der berühmtesten Aufführungsstätten in Altbayern war Aibling.

Von den Anfängen dieser Tradition wissen wir wenig. Die erhaltenen Quellen sprechen dafür, die Wurzeln in der barocken Ausgestaltung der Fronleichnamsprozession zu suchen. Jedenfalls wurde schon anno 1667 in Aibling eine Prozession gehalten, deren immenser Aufwand selbst das heutige Gemeinwesen vor erhebliche Probleme stellen würde: In insgesamt 56 Abteilungen wurden 19 Szenen des Alten und 37 des Neuen Testamentes dargeboten - teils mit Zuggruppen und lebenden Bildern, teils in szenischen Auftritten mit gereimten Texten.

Dieser Brauch, an Fronleichnam oder anderen Festen religiöses Straßentheater aufzuführen, war durchaus nicht ungewöhnlich: auch die "Schutzengelprozession" des Nachbarortes Au bot ein höchst eindrucksvolles szenisches Erlebnis mit zahlreichen kostümierten Spielgruppen. Wichtiger erscheint, daß seit dem 18. Jahrhundert in Aibling der Karfreitag zum bevorzugten Prozessionstag wurde: denn so nahm der prunkvolle Umzug immer deutlicher die Züge eines dramaturgisch durchgeformten Passionsspiels an.

Ein erster ausführlicher Bericht darüber stammt aus dem Jahr 1708. Er überliefert, daß damals 260 Mitwirkende rund fünfzig biblische Szenen nachstellten. Abordnungen der Zünfte trugen Fahnen. Als Engel verkleidete Akteure zeigten die Passionswerkzeuge. Pilatus und sein Gefolge wurden durch eine Reiterprozession dargestellt. Fackel- und Pechpfannenträger gaben dem

Umzug ein martialisches Gepräge. Vor allem aber waren es die Handwerksgilden, die in dem mehrstündigen Spektakel die Geschehnisse vom Sündenfall bis zur Geburt des Herrn lebendig werden ließen und schließlich als Höhepunkt die Leidensgeschichte in einem dramatischen Prozeß vor Augen führten.

Die Knittelverse dieser frühen Passion, von einem unbekannten Dichter ausgeführt, waren von erstaunlicher poetischer Wucht. Erhaltene Passagen wie das Verhör bei Herodes belegen, wie eigenständig sich das Aiblinger Spiel von denen in Oberammergau und Erl abhob:

O König, sieh! Der Mensch da steht / der auch mit dir kein Wort nit redt. / Das macht nur sein Halsstarrigkeit, / sein verfluchtes Leben und Bosheit, / der dich nit fürchtet und nit acht' / sondern nur nach deinem Reich tracht! / Derowegen, o König, führ ihn judizieren, / zum Tod des Kreuzes kondemnieren!

Um 1730 verwandelte sich die Prozession dann ganz in eine geschlossene Theateraufführung nach Art der heute bekannten Passionsspiele. Die Handlung begann am Gründonnerstag in der Pfarrkirche mit einer Darstellung des letzten Abendmahls und der Gefangennahme Christi. Die Passion selbst fand am Karfreitag auf einer Freilichtbühne am Marktplatz statt und bot ein Schauspiel, das Besucherströme aus ganz Oberbayern anzog. Allerdings nahm dieser "Passionstourismus" recht bald den Charakter eines Volksfests an; und besonders die Wirte betrachteten die Aufführungen als profitable Einnahmequelle.

So war das Aiblinger Spiel ab 1762 immer stärkerer Kritik von kirchlicher Seite ausgesetzt. Und als sich andernorts vergleichbare Tendenzen zeigten, gab Kurfürst Maximilian III. schließlich dem Drängen der Kurie nach und erließ - mit Ausnahme Oberammergaus - ein völliges Verbot aller Passionsaufführungen in Bayern. Doch die Aiblinger widersetzten sich. In einem Bittgesuch wurde versichert, daß Pfarrkirche und Markt "seit unfürdenklichen Zeiten" Schauplatz von Passionsspielen gewesen seien und man diese Tradition weder beenden wolle noch könne. Die Eingabe hatte Erfolg: 1778 wurde die Aiblinger Passion von Kurfürst Karl Theodor wieder freigegeben - und nach heftigem Protest der Kirche erneut verboten. Als die Aiblinger diesen zweiten Erlaß schlicht ignorierten, erging ein scharfer Verweis mit der Androhung, "in Zukunft alle Personen, die sich zu solchen Comödien würden gebrauchen lassen, ohne weiteres zu ergreifen und in das Arbeitshaus nach München abzuliefern". Erst König Ludwig I. gab die Spiele erneut frei. Und so durfte ab 1826 die Aiblinger Passion wieder dargestellt werden - allerdings ausschließlich in der Kirche oder auf der Freilichtbühne. Der Bau eines Theaterhauses blieb strikt untersagt.

Aber da hatten die Aiblinger längst Fakten geschaffen: Schon 1825 verbreitete die Theatergesellschaft Reklamezettel, man werde "in dem ganz neuerbauten Theater die Leidensgeschichte unseres Herrn und Heilandes Jesu Christi in 5 Abtheilungen von Franz Xaver Jann" aufführen. Diese Aufführungen fanden offenbar auch statt, bis die Regierung von dem Vorgang Wind bekam, den Spielbetrieb einstellen ließ und ein Disziplinarverfahren gegen den zuständigen Rosenheimer Landrichter einleitete, der die Genehmigung gegeben hatte.

Also blieb es beim Freilichtspiel. Aber der Kostenaufwand des alljährlichen Bühnenbaus sowie die Ausfälle durch schlechtes Wetter verursachten ein Defizit, das die Theatergesellschaft endlich nicht mehr tragen konnte. So erlosch das Aiblinger Passionsspiel. Doch nie ganz. Bis in die zwanziger Jahre unseres Jahrhunderts nahmen Spielgruppen wie der "Wendelsteiner Musentempel" die geistlichen Traditionen auf und wagten es, neben Bibelstücken und Märtyrerdramen auch die Passion von neuem auf die Bühne zu stellen. Die Herrschaft der Nationalsozialisten machte diesen Versuchen ein Ende. Und so knüpfte erst im Festjahr 1995 das "Theater Aibling" mit einer Freilichtaufführung des mittelalterlichen "Lazarus"-Spiels erfolgreich an die große Tradition des geistlichen Volkstheaters an.

Das Mysterienspiel "Die klugen und die törichten Jungfrauen" in einer Aiblinger Aufführung der dreißiger Jahre.

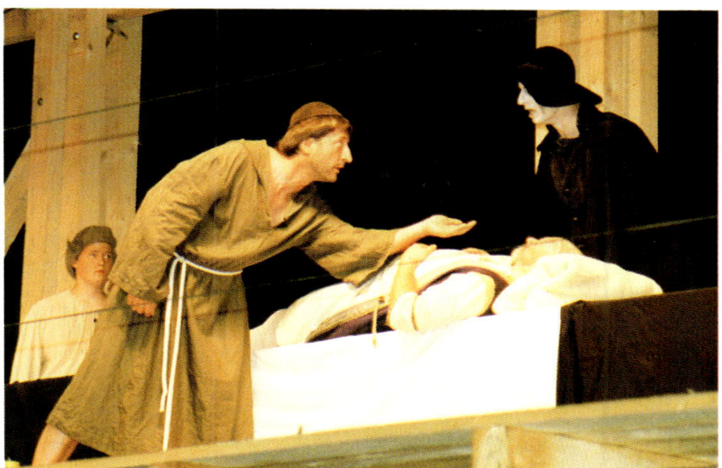

Der Mönch und der Tod ringen in dieser Szene des "Aiblinger Lazarus-Spieles" um die Seele des reichen Mannes.

A. Dürnberger, "Das Haberfeldtreiben". Das Gemälde von 1872 zeigt die charakteristische Formation eines Haberergerichtes: in der Mitte der Haberermeister, der die Anklageverse verliest; um ihn eine Gruppe mit Lärminstrumenten; schließlich in einem weiten Ring ein bewaffneter Trupp, der Gewehrschüsse abfeuert (Heimatmuseum Miesbach).

Haberer, treibts zua!

Feme und Volksjustiz im Aiblinger Land

Die Ursprünge des Haberfeldtreibens liegen im Dunkel. Zum einen führen Spuren einer Volksjustiz, die sexuelle Verfehlungen ahndet, bis in vorchristliche Zeit zurück. Andererseits traten organisierte bäuerliche Rüggerichte in Oberbayern erst im 18. Jahrhundert auf. Frühchristliche Quellen berichten von einem germanischen Brauch, der dem betrogenen Ehemann das Recht gab, die Ehebrecherin zu entkleiden und mit Peitschenhieben über die Felder vom Hof zu jagen. Doch die speziellen Wurzeln des Haberfeldtreibens werden eher in der karolingischen Grafschaft Warngau bei Glonn vermutet. Dort regierte nämlich ein sächsisches Geschlecht, das - vielleicht - den Rechtsbrauch der Freigerichte nach Oberbayern brachte. Historisch gesichert ist allerdings nur, daß sich die Haberer selber auf den mythischen Kaiser Karl im Untersberg beriefen. Glaubwürdiger erscheinen deshalb Hinweise, der Sendlinger Bauernaufstand habe zur Gründung der Habererbünde beigetragen.

Das erste Treiben, von dem wir durch amtliche Dokumente unterrichtet sind, fand 1716 in Vagen statt. Der Kistler Hanns Steindl strengte damals eine Klage gegen 17 Mitbewohner seines Dorfes an, die seiner Tochter Ursula mit "allerhand iniuriosen, geschray, schnalzen und stain werfen sambt anderen Rumorereyen" übel mitgespielt hatten. Überdies war bei der Aktion ein Schuppen zu Bruch gegangen. Und einzig diese Sachbeschädigung rief die Gerichte auf den Plan. Denn wie das Protokoll ausdrücklich vermerkt, handelte es sich bei dem Haberfeldtreiben selbst um einen von Justiz und Geistlichkeit gleichermaßen tolerierten Volksbrauch.

Diese Sitte eines Rüggerichts bei sexuellen Verfehlungen blieb zunächst auf das Aiblinger Land beschränkt. Zu überregionalem Interesse gelangten die Haberer erst, als sie ihr angestammtes Terrain verließen und 1766 in Parsberg ein Treiben gegen eine ledige Mutter führten. Die vom Miesbacher Magistrat alarmierte Regierung forderte daraufhin einen Bericht an. Und das Protokoll spiegelt bis heute das Entsetzen über den Vorfall: Gewehrsalven hatten die Bewohner in Angst und Schrecken versetzt. Unter gellendem Geschrei war dann die Anklage gegen die Unglückliche verlesen worden. Nach einer Stunde fand der Tumult ein Ende. Diese ersten Treiben fanden übrigens noch unmaskiert statt. Erst als die Justiz einschritt, begannen die Haberer, sich die Gesichter zu schwärzen, falsche Bärte anzulegen und die Formen eines Geheimbundes zu entwickeln, die sie zur Gefahr für die öffentliche Ordnung machten.

Doch das amtliche Einschreiten ließ auf sich warten. Erst 1826, als man in Thalham eine Wirtstochter ins Haberfeld trieb, wurde die Münchner Presse aufmerksam und zwang die Behörde zur Stellungnahme. Aber die erklärte treuherzig, es handle sich um ein altes Brauchtum, bei dem kein Schaden angerichtet werde. So bestehe auch keine Notwendigkeit, "diese Albernheit zur gehorsamsten Anzeige bringen zu müssen".

Darauf häuften sich die Vorfälle. Am 26. Mai 1827 fanden gleich zwei Treiben statt. Im gleichen Jahr wurde eine Litzldorfer Schmiedtochter ein Opfer der Haberer. Und als im April 1828 auch noch bei Dettendorf ein Treiben stattfand, ohne daß die Täter ermittelt wurden, gab das Münchner Innenministerium seine Zurückhaltung auf und ließ die gesamte Gemeinde zu einer kollektiven Geldstrafe verurteilen.

Das half. Vier Jahre herrschte Ruhe - bis die Regierung 1832 den Dettendorfern die noch immer unbezahlte Strafe erließ. Kaum einen Monat später erlebten Wilparting, Irschenberg und Litzldorf drei Haberfeldtreiben. Und wie sehr die Gemeinden selber mit den Tätern sympathisierten, belegt ein gespenstischer Vorfall. Als sich der von Haberern bedrohte Aiblinger Christlmüller hilfesuchend an die Behörden wandte, bezeichnete der Aiblinger Magistrat das Treiben in einem Beschluß als "unschädlich" und verweigerte dem Opfer jede Unterstützung.

Die Aktionen weiteten sich aus und eskalierten, als am 19. April 1834 in Kirchdorf 150 Männer sich gegen einen Jäger des Grafen Arco zusammenrotteten. Die Horde drang in den Park von Schloß Maxhofen ein. Bedienstete eröffneten daraufhin das Feuer. Die Haberer schossen zurück. Es gab Verletzte. Nur eine Woche später stürmte dieselbe Gruppe mit gezielten Schüssen die Ortschaft Weyarn. Es kam zu bürgerkriegsähnlichen Ausschreitungen mit mehreren Schwerverwundeten. So sah sich König Ludwig I. endlich selbst genötigt, einzuschreiten, indem er das Haberfeldtreiben unter Standrecht stellte.

Dennoch blieb die Lage kritisch. Besonders Graf Lodron auf Schloß Maxlrain wurde bedroht, und nur ein starker Polizeitrupp konnte seine Sicherheit gewährleisten. Nach 1834 verlagerten sich die Treiben in den Miesbacher Raum. Aber auch die Aiblinger blieben aktiv. Sie drangen bis Bayrischzell, an den Simssee und nach Wasserburg vor. Am 24. 11. 1848 marschierte eine bewaffnete Armee von mehreren hundert Haberern sogar in Rosenheim ein und attackierte das Landgericht, das Rentamt und andere Behörden. Die Treiben nahmen volksfestartige Züge mit Musikkapellen und Bierausschank an. Der eiserne Zusammenhalt in der Bevölkerung erschwerte die Ermittlungen. Und erst als dieser Zusammenhalt zerbrach, ging auch die Macht der Haberer zu Ende. 1896 lief der letzte Haberfeldmeister Thomas Bacher in die Falle und erhielt vier Jahre Haft. Doch als man ihn am 29. 6. 1900 aus dem Gefängnis entließ, wurde er bei seiner Ankunft am Miesbacher Bahnhof wie ein Held gefeiert. Er starb als geachteter Bürger 1945.

Wilhelm Leibl, "Bauernbursche als Haberfeldtreiber", Pinsel- und Federzeichnung von 1889 (Staatsgalerie Stuttgart)

Für die Weyarner Rosenkranz-Bruderschaft schuf Ignaz Günther 1764 eines seiner tragisch-großartigsten Werke: die Pietà.

Leibls Land

Bildende Kunst im Mangfalltal

Wo die Kulturgeschichte einer Landschaft fünf Jahrtausende umspannt, ist es kaum möglich, einen Anfang ihrer Kunst zu setzen. War zum Beispiel der ästhetisch vorbedachte Schliff von Steinwerkzeugen nicht - modern gesprochen - auch ein Stück Design? Waren die vorzeitlichen Keramiken und Bronzefibeln, die geschmückten und gravierten Nadeln nicht in ihrer Weise Kunst? Der römische Grabstein von Ellmosen und die herrlichen Gefäße aus Westerndorf/Pons Aeni sind es ohne Zweifel. Und sogar die Schanzanlagen bei Kleinhöhenkirchen und Fentbach könnten mehr als bloße Kriegs-"Kunst" sein. Sie erscheinen, der strategischen Funktion entrückt, dem heutigen Betrachter wie ein faszinierendes Objekt vorzeitlicher *land art*.

Dennoch: Kunstgeschichte im modernen Sinn beginnt, wo sich Ästhetik von der Zweckgebundenheit zu lösen anschickt, wo nicht nur die Werke, sondern auch die Künstler oder ihre Auftraggeber in den Blick der Forschung rücken. Dies geschah im Mangfalltal zur Zeit der Romanik, als unbekannte Bauleute im Auftrag der Augustiner Chorherren den Kreuzgang von Kloster Beyharting wölbten. Es geschah, als Maler wie Meister Ott die Kirchen von Mietraching und Högling mit gotischen Fresken schmückten und Bildhauer so bedeutende Werke wie die Aiblinger Madonnenstatue und die Heiligenfiguren von Beyharting und Kirchdorf schufen. Das spätgotische Korbiniansfenster in der Dettendorfer Kirche zeugt ebenso von der Kunsthöhe jener Tage wie die Marmorgrabsteine der Judith in Beyharting oder der Familien Prant und Pienzenau in Aibling.

Allerdings: selbst überragende Talente hatten es damals nicht leicht. Die heute weltbekannte Feilnbach-Brannenburger Architektenfamilie Dientzenhofer war gezwungen, aus ihrer Heimat nach Franken und Böhmen auszuwandern. Dort erst schufen die fünf Brüder einige der überragenden Meisterwerke europäischer Barockbaukunst: Georg Dientzenhofer (1643-1689) verdanken wir die Basilika Waldsassen und die Wallfahrtskirche Kappel. Wolfgang Dientzenhofer (1648-1706) wirkte als Kirchenarchitekt in Amberg und Straubing. Leonhard Dientzenhofer (1660-1707) schuf die herrliche Anlage von Kloster Banz sowie in Bamberg die Michaeliskirche und Teile der Residenz. Johann Dientzenhofer (1663-1726) gestaltete mit dem Dom zu Fulda einen der gewaltigsten barocken Kirchenbauten Deutschlands; seiner Meisterschaft entsprangen außerdem die Klosterkirche Banz, Schloß Pommersfelden und die Residenz in Würzburg. Christoph Dientzenhofer (1655-1722) gab in Prag der Kirchenbaukunst neue und entscheidende Impulse, wobei besonders sein Entwurf der Niklaskirche Kunstgeschichte schrieb. Und schließlich vollendete Christophs Sohn Kilian Ignaz Dientzenhofer (1689-1751) als einer der berühmtesten Architekten seiner Epoche in zahlreichen Profan- und Kirchenbauten die Kunst des schlesisch-böhmischen Barock.

Im Aiblinger Land verblieb nur ein entfernter Verwandter: Wolfgang Dinzenhofer aus Au (1678-1747). Aber er hielt Kontakt zu den Ausgewanderten und verwertete ihr Wissen in einer Reihe regionaler Bauaufträge. Besonders mit den Pfarrkirchen von Au und Götting erwies er sich als kunstsinniger Architekt und bestätigte seinen Rang durch mehrere Kirchen im Inntal und in Tirol. Als Aiblinger Ratsherr bestimmte er zudem die politischen Geschicke seiner Heimat in schweren Zeiten mit.

Eng mit den Dientzenhofers verbunden waren auch die Baumeister der Hausstatt. Sie hatten ihren Stammhof zwischen

Joseph Götsch, St. Korbinian, Hochaltar der St. Sebastians-Kirche Bad Aibling, 1770

Johann Sperl, "Der Jenbach mit Blick auf den Wendelstein", 48 x 36 cm, Öl auf Leinwand, um 1900 (Privatbesitz)

Feilnbach und Altofing am Fuß des Wendelstein; das uralte Bauernhaus blieb uns fast unverändert erhalten. Die Namen und Werke der vier Hausstätter Meister aber sind im ganzen Mangfalltal bis heute gegenwärtig: Hans Mayr d. Ä. (1643-1718) errichtete die Dorfkirchen von Willing, Mittenkirchen bei Vagen, Dettendorf, Irschenberg und Niklasreuth sowie die Wallfahrtskirche Wilparting. Auch Bauten wie die Wallfahrtskirche Birkenstein und die Pfarrkirche Elbach stammen von seiner Hand. Sein Sohn Hans Mayr d. J. (1677-1731) suchte dagegen das Glück in der Fremde. Er wurde zunächst Geselle Wolfgang Dientzenhofers und machte schließlich als Baumeister - und als Schwiegervater Johann Michael Fischers Karriere: Teile der Klosteranlage Altomünster und St. Michael in Perlach entstammen seinen Entwürfen.

Neuer Meister auf der Hausstatt wurde indessen der Schwiegersohn des alten Hans Mayer: Abraham Millauer (1683-1758). Sein erstes, wohlgelungenes Werk war die Michaelskirche in Litzldorf. Dann widmete er sich gemeinsam mit Wolfgang Dinzenhofer der St. Martinskirche in Au. Die schlimmen Jahre österreichischer Besatzung unterbrachen diese Tätigkeit. Doch dann erfüllte er eine Reihe bedeutender Bauaufträge aus dem ganzen Oberland. Kloster Reisach, die Pfarrkirche Oberaudorf, die Flintsbacher St. Martinskirche, St. Margarethen in Bayrischzell, St. Remigius in Schleching, die Rosenheimer Roßacker-Kapelle, die Kirche von Raith bei Kitzbühl sowie die Tiroler Pfarrkirchen von Ebbs und St. Johann entstanden unter seiner Planung und Beteiligung. Vor allem aber schuf er gemeinsam mit Johann Michael Fischer einen der schönsten sakralen Innenräume des Spätbarock im Mangfalltal: Die Aiblinger Pfarrkirche Mariae Himmelfahrt.

Sein Sohn Philipp Millauer (1710-1753) starb vor der Zeit. So war es ihm nicht vergönnt, aus dem Schatten des übergroßen Vaters zu treten. Nur die Taxakapelle in Au läßt seine eigenständigen Talente ahnen. 1754 heiratete Philipps Witwe den Elbacher Maurermeister Hans Thaller (1719-1796). Er wurde der letzte große Meister der Hausstatt. Zum Talentbeweis geriet ihm die St. Laurentiuskirche in Wiechs bei Feilnbach - ein subtiles Meisterstück ländlichen Rokokos. Dann nahm Thaller ein bereits begonnenes Projekt in Angriff, das sein unseliger Vorgänger hätte errichten sollen: die Pfarrkirche Hl. Kreuz in Berbling.

Als Anregung diente ein Plan, den Kilian Ignaz Dientzenhofer seinen Feilnbacher Verwandten hatte zukommen lassen: vermutlich ein Grundriß der Pfarrkirche von Podcapl in Böhmen. Doch Thaller "übersetzte" diese Vorlage genial zurück ins Bayerische. Von außen präsentiert sich der Berblinger Bau als Langhaus mit virtuos gekurvten Seitenwänden. Innen dagegen erweist er sich als lichter Zentralbau mit zwei angesetzten Querovalen - eine Reverenz an Johann Michael Fischer. Zusammen mit dem Hochaltar des Bildschnitzers Joseph Götsch, dem ed-

Hermann Urban, "Blick auf den Wendelstein", 55 x 64 cm, Enkaustik, um 1935 (Kunstbesitz der Stadt Bad Aibling)

Wilhelm Leibl, "Drei Frauen in der Kirche", 113 x 77 cm, Öl auf Holz (Hamburger Kunsthalle). Leibls Hauptwerk entstand zwischen 1878 und 1881 in der Pfarrkirche Hl. Kreuz in Berbling.

len Kreuzigungsgemälde des Vagener Malers Johann Kaspar Weidtinger, den Deckenfresken aus dem Umkreis Johann Martin Heigls ("Der Sieg Kaiser Konstantins über Maxentius auf der Milvischen Brücke") und den duftigen Stukkaturen Jakob Rauchs gelang so eine der schönsten Dorfkirchen Oberbayerns, eine "kleine Wies".

In Aibling wirkten indessen Künstler wie Andreas Leyersperger, der um 1680 Fresken und Altäre schuf; der Bildhauer Ignaz Stumbeck, dem wir mehrere Skulpturen in der St. Sebastianskirche verdanken; die Stukkateursfamilie Schwarzenberger sowie der Kirchen- und Lüftlmaler Johann Georg Gaill mit seinem Sohn Franz Gaill. Doch zugleich fanden fremde Meister in Aibling eine neue Heimat: So heiratete, als 1669 der Aiblinger Maler Franz Weilechner starb, dessen Witwe Margareta am 24. November 1670 den Südtiroler Maler Johann Vicelli aus Sillian im Pustertal. Er begründete eine Dynastie von Künstlern. Sein Neffe Johann Blasius Vicelli (1686-1771), der Schöpfer der Aiblinger Altargemälde und der Wilpartinger Legendenbilder, wurde endlich gar zum Bürgermeister des Marktes berufen. Auch der Ötztaler Bildschnitzer Joseph Götsch (1728-1793) suchte sein Glück in Aibling und schuf

Brynolf Wennerberg, "Dame im Abendkleid", 93 x 73 cm, Öl auf Leinwand, um 1930 (Kunstbesitz der Stadt Bad Aibling)

Sepp Hilz, "Die Schuster-Mutter", 16 x 12,5 cm, Radierung, um 1935 (Kunstbesitz der Stadt Bad Aibling)

so begeisternd expressive Skulpturen, daß kein Geringerer als der Münchner Hofbildhauer Ignaz Günther ihn zu seinem engsten Mitarbeiter wählte. In Günthers inspirierender Nähe wuchs Götsch zu einem der überragenden Meister im Alpenvorland, dessen Werke in Aibling, Rott am Inn, Schwarzlack, Neubeuern, Grainbach, Herrenmühle, Vogtareuth, Wildenwart, Glonn, Prutting, Lippertskirchen, Berbling, Ellmosen, Nußdorf und zahlreichen anderen Orten den Stil bayerischer Schnitzkunst prägten. Ignaz Günther (1725-1775) selbst gab nur ein kurzes, doch bedeutsames Gastspiel im Mangfalltal. Er gestaltete in Weyarn und Kleinhöhenkirchen einige seiner ausdrucksstärksten Skulpturen. Und er verlieh gemeinsam mit Götsch der Aiblinger Pfarrkirche Mariae Himmelfahrt barocken Glanz. Daß ausgerechnet Günthers Aiblinger Hochaltar im 19. Jahrhundert einer vermeintlichen Verschönerung zum Opfer fiel, zählt zu den unwiederbringlichen Verlusten bayerischer Kunstgeschichte.

Die großen künstlerischen Inspirationen waren vielfach von außen in das Mangfalltal gedrungen - sei es durch den Graubündner Meister Lorenzo Sciasca (1643-1694) aus Rovereto, der mit dem Inseldom auf Herrenchiemsee und mit Kirchenbauten in Weyarn und Gmund dem architektonischen Typus der Wandpfeilerhalle verbindliche Formmuster gab; oder sei es durch den Schöpfer der Wieskirche Johann Baptist Zimmermann (1680-1758), dessen meisterhafte Fresken und Stukkaturen in Weyarn, Beyharting, Schloß Maxlrain und Höhenrain zahlreiche regionale Künstler inspirierten.

Auch ein Jahrhundert später kam der entscheidende Impuls von außen, als der Kölner Maler Wilhelm Leibl (1844-1900) nach Berbling übersiedelte und dort zwischen 1878 und 1881 sein Jahrhundertwerk "Drei Frauen in der Kirche" schuf. Kurz darauf zog Leibl nach Aibling und errichtete in der Hofmühle ein Atelier, in dem weltbekannte Gemälde wie "Die Wildschützen", "Die Spinnerin", "Der Zeitungsleser" und "In der Bauernstube" entstanden. 1892 schließlich entfaltete er in Kutterling bei Feilnbach ein dunkel durchglühtes Spätwerk, das Europas führenden Realisten zu einem Wegbereiter des deutschen Impressionismus machte.

Kaum minder bedeutsam als das Schaffen Leibls war das seines Freundes und Ateliergefährten Johann Sperl (1840-1914), dessen Aiblinger und Kutterlinger Landschaftsbilder zu den besten seines Schaffens zählen: eine herbe, ungeschönte Kunst, deren Wahrhaftigkeit im weiten Kreis der Leibl-Freunde ohne Parallele blieb. Von Leibl früh gefördert wurde auch Hermann Urban (1866-1948). Der Sohn eines Arztes und einer Opernsängerin war in New Orleans geboren. Doch er wuchs in Aibling auf und fand hier nach einer frühen Annäherung an Arnold Böcklin zu seiner lichten, impressionistisch inspirierten Landschaftskunst.

Willi Kreutzer, "Ellmosen", 68 x 93 cm, Öl auf Pappe, um 1960 (Kunstbesitz der Stadt Bad Aibling)

Leo von Welden, "Sitzender Gaukler", 26 x 21 cm, Kohlezeichnung, um 1950 (Privatbesitz)

Eine dunklere, gelassen noble Landschaftsmalerei betrieb indessen W. Rudolf Groeschel (1891-1985). Der aus Meiningen stammende Maler hatte 1932 den Chiemgau als Malort entdeckt und war schließlich 1944 nach Fentbach bei Weyarn übersiedelt. Aber er blieb auch dort dem Stil der Chiemseeschule treu und gelangte mit feinen Abstufungen einer Grün-, Blau- und Braunskala zu unverwechselbarer Eigenart.

Der schwedische Maler und Zeichner Brynolf Wennerberg (1866-1950) kam über Leipzig und Dresden nach Bad Aibling. Seine vom Jugendstil geprägte Malerei wurde zu einem Markenzeichen eleganter Münchner Gesellschaftskultur. Die ironisch distanzierten, manchmal auch am Rand des Kitschs plazierten, aber immer charmanten Frauenbilder machten ihn zum Liebling der Kunstwelt und zum viel gefragten Illustrator.

Eine vergleichbar steile Karriere stand auch Sepp Hilz (1906-1967) offen. Der Sohn des Aiblinger Kirchenmalers Georg Hilz führte zunächst das Handwerk seines Vaters fort. Dann wandte er sich erfolgreich der Genre- und Bildnismalerei in Nachfolge Wilhelm Leibls zu. Doch 1938 unterlag Hilz der politischen Versuchung. Als einer der Lieblingsmaler des "Führers" überließ er seine Kunst dem Stil der braunen Ära. Und so wurde ihm ein dauerhafter Platz in der Geschichte nicht durch seine frühen, glänzenden Portraits, sondern durch die Blut- und Boden-Malerei der "Bäuerlichen Venus" gesichert.

Die Tradition einer weltoffenen, umfassend inspirierten Mal- und Zeichenkunst hielt indessen Leo von Welden (1899-1967) hoch. In Paris geboren und ausgebildet, zog er 1945 aus dem zerbombten München nach Bad Aibling und wenige Jahre später nach Feilnbach. Welden wurde zu Lebzeiten oft unterschätzt und als Spaßmacher mit künstlerischer Ambition verkannt. In-

Heidi Muggli, "Roter Wald", 77 x 61 cm, Öl auf Leinwand, 1989 (Kunstbesitz der Stadt Bad Aibling)

zwischen zählen seine überbordend phantasiebegabten Graphiken zum unbestritten Besten, was die regionale Kunst nach Leibl hervorgebracht hat. Zusammen mit Feilnbacher Kollegen wie Berthold Buchenau, Friedrich Rudolf Dittes und Josef Karl Nerud verkörperte er zugleich in Zeiten künstlerischen Stillstands eine kritische, unangepaßte Moderne.

Ansonsten nämlich hatte die Region nach 1945 manche Mühe, wieder Anschluß an die Gegenwart der Künste zu gewinnen. Es waren vor allem gegenständlich orientierte Maler und Bildhauer wie Heinrich Aigner und Lissy Aigner-Eckhart, Horst Taeschner, Arnold Moeller, Prof. Georg Höllriegel, Hans Waiblinger und Franz Wiesbauer, die rund um Bad Aibling Arbeit und Motive fanden. Örtliche Talente wie Herbert Meier und Hubert Bartl repräsentieren jene ruhig gediegene, von Pathos freie Landschaftskunst bis in unsere Tage.

Zwischen Tradition und Gegenwart schwankte der Großkarolinenfelder Bildhauer Friedrich Lange (1906-1953); sein Freitod beendete eine international vielbeachtete Karriere. In Bad Aibling wurden die Tendenzen klassischer Moderne indessen über lange Jahre von Willi Kreutzer (geb. 1914) vertreten, der über einen nüchternen, prägnanten Realismus immer mehr zu rein abstrakten Ausdrucksmitteln fand.

Die künstlerische Gegenwart des Mangfalltals wird heute repräsentiert durch einige ebenso sperrige wie überragende Persönlichkeiten. Der Aiblinger Friedrich G. Scheuer (geb. 1936) schuf mit verrätselt-spröden Graphiken und kühnen Farbstrukturen ein Werk, das ihm europaweite Anerkennung und eine Professur in München eintrug. In Feldkirchen-Westerham lebt und arbeitet Helmut Pfeuffer (geb. 1933) - ein Künstler, dessen heftiger und expressiver Malstil an die Errungenschaften Kokoschkas und Bacons anknüpft. Peter Tomschiczek (geb. 1940) ging seinen Weg von einer farbig ornamentalen Malerei über immer strengere Kompositionen bis zu einem erdigen, kraftvoll kompakten Personalstil, dessen Qualität den Wahl-Ellmosener zu einem der führenden süddeutschen Künstler seiner Generation machte.

Andere Talente hatten es daneben schwer, sich durchzusetzen: So zog sich Aziz Raza (geb. 1938) nach surrealistischen Versuchen auf die Positionen einer disziplinierten Landschaftsmalerei zurück. Als Erbe Hermann Urbans führt er zugleich dessen Experimente mit enkaustischen Verfahren weiter. Die Feilnbacher Bildhauerin Alpheda Puluj-Hohenthal (1926-1985) erlangte mit Bildteppichen und sakralen Glasfenstern besonders in Frankreich Anerkennung. In selbstgewählter Zurückgezogenheit gestaltet Heidi Muggli (geb. 1941) Bilder, die dank makelloser Pinselführung und subtiler Symbolik einen "magischen Realismus" ureigener Prägung formen.

Auch der Kolbermoorer Rainer Dillen (geb. 1938) experimentiert mit der Magie der Zeichen; seine Graphiken und Gemälde zeigen einer ebenso poetische wie spielerisch belebte Hieroglyphenwelt. Aus dem gleichen Ort stammt Helmut Dirnaichner (geb. 1942). Der heute in Mailand lebende Künstler profilierte sich durch eine Malerei der kargen, meditativen Farbgesten. Sein Kollege Reinhold Pichler (geb. 1945) wurde dagegen bekannt durch spektakuläre Aktionen, in denen sich Kunst, Politik, Ökologie und Mystik zu eigenwilligen Gesamtkunstwerken verbinden. WTH Regensburger, geboren 1954 in Bad Aibling, wählte zeitweise gleichfalls die Aktion als Ausdrucksmittel. Überregionalen Zuspruch aber fand er vor allem als Maler, dessen Phantasie und farbig-pralle Bilderfülle bei Film und Fernsehen Interesse weckten. Herbert Klee (geb. 1946) aus Holzolling endlich glänzt durch ein pointierendes, satirisches Talent. Gesellschaftskritische Arbeiten stehen bei ihm neben Aneignungen antiker Mythen, in denen er den Ursprüngen sozialer Gegensätze nachspürt.

Bildende Kunst im Mangfalltal - das war stets eine Auseinandersetzung mit dem Land und seinen Menschen. Dennoch ließ sie sich kaum je in die Schablonen bajuwarischer Folklore pressen. Zu viele Maler, Bildhauer und Architekten waren von außen in diese Region gezogen. Zu viele brachten ihre eigene Sicht des Lebens und der Dinge mit. Und so blieb auch die Kunst im Aiblinger Land lebendig: reich und gegensätzlich wie die Landschaft selbst.

Peter Tomschiczek, "Blaues Tischbild", 192 x 136 cm, Mischtechnik, 1994 (Kunstbesitz der Stadt Bad Aibling)

Bibliographie

Auswahl

Allgemeine Darstellungen

Max Spindler, Handbuch der bayerischen Geschichte, München 1975

Benno Hubensteiner, Bayerische Geschichte, München 1967

Chronik Bayerns, Gütersloh/München 1994

Hans Rall, Zeittafeln zur Geschichte Bayerns, München 1974

Max Spindler (Hrsg.), Bayerischer Geschichtsatlas, München 1969

Ortschroniken und Regionalhandbücher

Der Mangfallgau - Heimatkundliche Zeitschrift für Bad Aibling und Umgebung Jahrgang 1-20, Bad Aibling 1956-1995

Führer zu vor- und frühgeschichtlichen Denkmälern: Miesbach-Tegernsee-Bad Tölz-Wolfratshausen-Bad Aibling, Mainz 1971

Führer zu vor- und frühgeschichtlichen Denkmälern: Rosenheim-Chiemsee-Traunstein-Bad Reichenhall-Berchtesgaden, Mainz 1971

Joseph Grassinger, Geschichte der Pfarrei und des Marktes Aibling, München 1857

Franz Andrelang, Historischer Atlas von Bayern - Landgericht Aibling und Reichsgrafschaft Hohenwaldeck, München 1967

Bad Aibling - Stadt und Land, München 1955

Erika Lechner / Karin Fries, Bad Aibling, Freilassing 1980

Werner Keitz, Bad Aibling, Horb 1993

Helmut Loose, Wegweiser durch das historische Bad Aibling, Bad Aibling 1995

Spaziergänge durch das alte Bad Aibling, Horb 1989

Gustl Bierling, Bad Aibling war eine Jugend wert, in: Aiblinger Merkur 21. 9. 1966 ff., Bad Aibling

110 Jahre Heilbad Aibling - Jubiläumsbeilage des Mangfall-Boten, Bad Aibling 1955

Robert Eberhard, Land unter dem Wendelstein, Dachau 1994

Unser Landkreis Rosenheim, Bamberg 1994

Theodor Wiedemann, Die Maxlrainer, München 1856

Karl Demmel, Die Hofmark Maxlrain - Ihre rechtliche und wirtschaftliche Entwicklung, Hirschenhausen 1941

Beyharting - Augustiner-Chorherrenstift 1130-1803, Beyharting 1976

Ferdinand Kramer (Hrsg.), Tuntenhausen, Weißenhorn 1991

Auer/Baur/Hank u. a., Bruckmühl, Bruckmühl 1982

Markt Bruckmühl, o. O. 1989

Helmut Loose, Die kleine Dorfchronik von Kirchdorf a. H., Bad Aibling 1993

1200 Jahre Feldkirchen, Feldkirchen 1995

Peter Bergmaier (Hrsg.), 150 Jahre Pfälzersiedlung Großkarolinenfeld - Entstehung und Kulturgeschichte, Großkarolinenfeld 1952

Emmi Schmitter, Heimat am Sulzberg und Farrenpoint, Litzldorf 1986

Einzeldarstellungen

Heimatmuseum Rosenheim - Vor- und frühgeschichtliche Sammlung, Rosenheim o. J.

Hans-Jörg Kellner, Die Römer in Bayern, München 1971

Hermann Dannheimer / Heinz Dopsch (Hrsg.), Die Bajuwaren - Von Severin bis Tassilo, München 1988

Stefan Freundl, Salz und Saline - dargestellt am Beispiel der ehemaligen Saline Rosenheim, Rosenheim 1978

Manfred Treml (Hrsg.), Salz Macht Geschichte, Katalog und Aufsätze, Augsburg 1995

Gerd Hedler, Leitzach und Mangfall - Natur und Technik, Hamburg 1983

Wilhelm von Schramm, PoW-Camp Aibling, in: Mangfall-Bote 13. 8. 1970 ff., Bad Aibling

Barbara Pronath, Der Streit um General Dietl, Rosenheim 1994

100 Jahre Kreissparkasse Bad Aibling, Bad Aibling 1964

Die Moortherapie in Bad Aibling, Bad Aibling o. J.

Kunst und Brauchtum

Georg Queri, Bauernerotik und Bauernfehme in Oberbayern, München 1911 (Nachdruck 1969)

Elmar A. M. Schieder, Das Haberfeldtreiben - Ursprung, Wesen, Deutung, München 1983

Paul und Richilde Werner, Vom Marterl bis zum Gipfelkreuz - Flurdenkmale in Oberbayern, Berchtesgaden 1991

Martin von Deutinger, Das Passionsspiel in Oberammergau, München 1851

Herbert Schindler, Große Bayerische Kunstgeschichte, München 1976

Die Kunstdenkmäler von Bayern - Bezirksamt Ebersberg, Stadt und Bezirksamt Rosenheim, Bezirksamt Miesbach, München 1902 (Nachdruck 1982)

Georg Dehio, Handbuch der Deutschen Kunstdenkmäler - München und Oberbayern, München 1990

Hans Heyn, Süddeutsche Malerei aus dem bayerischen Hochland, Rosenheim 1979

Helmut Loose, Kunst und Kultur im Altlandkreis Bad Aibling, Bruckmühl 1991

Milada Vilímková / Johannes Brucker, Dientzenhofer - Eine bayerische Baumeisterfamilie in der Barockzeit, Rosenheim 1989

Heinrich Gerhard Franz, Dientzenhofer und Hausstätter - Kirchenbaumeister in Bayern und Böhmen, München 1985

Hans Zimmer, Die Hausstätter, Bad Aibling o. J.

Gerhard P. Woeckel, Ignaz Günther, Weißenhorn 1975

Adelheid Unger, Joseph Götsch, Weißenhorn 1972

Klaus J. Schönmetzler, Wilhelm Leibl und seine Malerfreunde, Rosenheim 1994

Wilhelm Ossenbrink, Heimat vor dem Wendelstein - Kunst und Künstler, Bad Feilnbach 1995